アガルートの
司法試験・予備試験
総合講義 1 問 1 答

刑 法

アガルートアカデミー 編著

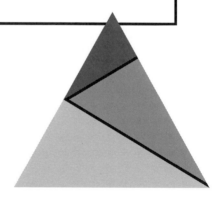

AGAROOT

ACADEMY

はしがき

　本書は，司法試験・予備試験の主に論文式試験で問われる知識を1問1答形式で整理したものである。初学者であれば，基本書等を読み進めて理解した後で，その知識を復習するための副教材として使用することを，中上級者であれば，一通りインプットを済ませた後で，知識を網羅的に点検し，定着させるものとして使用することを想定している。

　論文式試験で問われる知識を整理・確認する書籍としては，論証として整理をしている論証集や，問題とその解説あるいは解答例という形式で提供する演習書が存在する。しかし，論証集には，問題形式になっておらず人によっては覚えにくく取り組みにくいという側面があり，演習書には，問題文が長文になりがちで知識を再確認するには使いにくいという側面がある。

　そのため，シンプルに論文で問われる知識をおさらいできる問題集はないかと模索した結果，1問1答形式の問題集に至った。作成当時は，アガルートアカデミーで個別指導を受講している受講生向けに，復習用教材として使用していたのであるが，その評判が上々であり，学習の成果も確認することができたため，これを書籍として刊行することにした次第である。

　本書は，2019年に『アガルートの司法試験・予備試験 総合講義1問1答 刑法・刑事訴訟法』として発行したものであるが，判例学習の重要性が増している公法系科目の傾向を踏まえ，1問1答だけでなく，重要判例に関する空欄補充問題も掲載し，「刑法」「刑事訴訟法」として独立させたものである。

　本書の空欄補充問題を通じて，最低限記憶しておくべき，判例の結論及び，結論を導くための重要なキーワードをインプットしてほしい。

　本書は，知識の解説をしたものではなく，また，具体的事例問題を掲載したものでもない。司法試験・予備試験の合格に必須の知識を定着させるための問題集である。すらすらと書けるようになるまで，繰り返し解き続けてほしい。

　本書の前身である問題集は，既にアガルートアカデミーの受講生が利用しており，多くの合格者を輩出している。読者諸賢にとっても，この問題集が，正確な知識の定着の一助となり，司法試験・予備試験の合格を勝ち取ることを切に願う。

2021年1月吉日

アガルートアカデミー

目　　次

刑　　法

本書の使い方

【左側：問題】

問題ランク
Aは学習初期から必ず押さえてほしい基本的な問題を，**B**はそれ以上のレベルの問題を表します。
１周目は**A**だけを，２周目は**B**を中心に問題を解いていくと学習を効率的に進められます。

チェックボックス
解き終わったらチェックして日付を記入しましょう。

通し番号
単元ごとの通し番号です。「今日は何番まで」等，目標設定にお役立てください。

問題文
基本・重要論点を順序立てて端的に問う内容となっています。

条文表記
（38 I 本文）は，38条1項本文を表します。

---

13. **B**　ＸＹがＡの飲物にそれぞれ致死量（100％）の毒薬を入れ，Ａがそれを飲んで死亡した場合の処理について説明しなさい。

14. **B**　死刑が執行される直前，執行官がまさにボタンを押そうとしている時に，死刑囚によって殺された娘の敵を討つため，娘の父親が執行官を押しのけて自らボタンを押し，死刑囚が死亡した場合の処理について説明しなさい。

15. **B**　行為時に事情が介在した場合の因果関係をいかに判断すべきかについて説明しなさい。

16. **A**　行為後に事情が介在した場合の因果関係をいかに判断すべきかについて説明しなさい。

17. **A**　故意（「罪を犯す意思」（38 I 本文））の意義について説明しなさい。

18. **B**　故意責任の本質について説明しなさい。

6　問題

【右側：解答】

1 基本的構成要件

13. 修正否定説＝ＸＹ共に殺人未遂罪として処断する。
修正肯定説１＝いくつかの条件の内、いずれかを除去しても結果は発生するが、全ての条件を除けば結果が発生しない場合、全ての条件につき条件関係を認める。したがって、ＸＹいずれにも殺人既遂罪が成立し得る。
修正肯定説２（合法則的条件関係説）＝行為と結果とが因果法則に従って結びつけられているかを問題とする別の判断公式（合法則的条件公式）を採用すべきとする。したがって、ＸＹいずれにも殺人既遂罪が成立し得る。

14. 付け加え禁止説＝条件関係肯定。
合法則的条件関係説＝条件関係肯定。
論理的関係説（付け加え肯定説）＝条件関係の判断自体が「行為者が法の期待通りふるまっていれば」というある種の仮定を前提としており、付け加え禁止とは単に考慮される仮定的な事情を限定するものにすぎない。そこで、仮定的消去公式という条件関係判断の公式を維持しつつ、当該行為が行われなかったとしても同一の結果が生じるとみられるときは、条件関係は認められないと解することによって、条件関係を肯定する（この見解によれば、仮定的消去公式は結果回避可能性に帰一することとなる）。

15. 因果関係は、結果発生の現実的危険を有する実行行為が結果を引き起こしたことを理由に、より重い刑法的評価を加えることが可能なほどの関係を認め得るかという法的評価の問題である。そして、具体的な事案ごとに妥当な帰責の範囲を画するためには、行為時に存在するあらゆる事情を判断資料に取り込まなければならない。そこで、行為当時における全ての客観的事情及び行為後に判明した事情でも行為当時に経験法則上予見可能な事情を基礎として、行為の危険性が結果となって現実化したか否かを基準として判断する。

16. 因果関係は、結果発生の現実的危険を有する実行行為が結果を引き起こしたことを理由に、より重い刑法的評価を加えることが可能なほどの関係を認め得るかという法的評価の問題である。そこで、行為の危険性が結果となって現実化したか否かを基準とし、①行為の危険性と、②介在事情の結果発生への寄与度を重視すべきである。

17. 故意犯は過失犯よりも、より重い道義的非難に値するが、それは行為者の反規範的人格態度に求められると考えられ、かかる態度は犯罪事実の認容があってはじめて認められる。したがって、犯罪事実の表象（認識）に加え、結果発生を認容（結果が発生してもかまわないと思いつつ行為した）することが必要である（認容説（判例？最判昭23.3.16））。

18. 犯罪事実の認識・認容によって、規範に直面し、反対動機が形成できるのに、あえて犯罪に及んだことに対する道義的非難をいう。

インデックス
現在学習中の部分が一目瞭然です。

解答
論文式試験で記載することになる知識をまとめた内容になっています。

学説
一般的に判例の立場と評されているものの、それに異を唱える有力な学説が存在している場合に「？」を付けています。

刑　　法

第１編　刑法総論

1　基本的構成要件

□ ／ □ ／ □ ／	1. **A**	犯罪の成立要件の検討順序について説明しなさい。

□ ／ □ ／ □ ／	2. **A**	基本的構成要件（刑法第２編「罪」に規定された個々の犯罪構成要件）の構造について説明しなさい。

□ ／ □ ／ □ ／	3. **B**	実行行為の実質的意義について説明しなさい。

□ ／ □ ／ □ ／	4. **B**	作為と不作為の意義について説明しなさい。

□ ／ □ ／ □ ／	5. **B**	不作為犯の種類について説明しなさい。

□ ／ □ ／ □ ／	6. **A**	不真正不作為犯に実行行為性が認められるかについて説明しなさい。

1　基本的構成要件

1.　①まず，形式的・一般的・原則的な判断である「構成要件該当性」を検討し，②次に，客観的・実質的・例外的な判断である「違法性」を検討し，③最後に，主観的・実質的・例外的な判断である「責任」を検討する。

2.　①客観的構成要件要素＝実行行為，結果，因果関係
②主観的構成要件要素＝故意，過失（一般的主観的構成要件要素）
③目的（特殊的主観的構成要件要素，争いあり）

3.　法益侵害の現実的危険性を有する行為をいう。

4.　そのままでは法益侵害に至らない事態の推移を侵害に向けて変更することが作為であり，一方で，既に法益侵害に向けて推移している事態を変更しないことが不作為である。

5.　①真正不作為犯（条文が不作為の形で規定している犯罪を不作為で実現する場合），②不真正不作為犯（条文が作為の形で規定している犯罪を不作為で実現する場合）をいう。

6.　法条の根底にあるのは，法益を侵害するなという規範であって，その規範には，禁止規範のみならず，法益を救助せよという命令規範をも含み得るから，不真正不作為犯の実行行為性は認められる場合がある。もっとも，不作為の行為は無限に広がり得ることから，明確性の原則に抵触するおそれがあるため，国民に積極的に法益状態を維持・改善する行為を要求するのは例外的場合に限られるべきである。
そこで，不真正不作為犯の実行行為性が認められるのは，作為犯との構成要件的同価値性を有する場合（同価値性・同等性の原則）に限定すべきである。具体的には，①作為義務の存在，②作為の可能性・容易性が必要である。なお，①作為義務の有無は，先行行為の存在，事実上の引受け行為，自らの意思等による排他的支配の設定（危険原因の支配）等の要素を考慮に入れて，総合的に判断すべきである。

☐ ／ ☐ ／ ☐ ／	7.	**B**	不真正不作為犯において，どのような場合に因果関係（条件関係）が認められるかについて説明しなさい。

☐ ／ ☐ ／ ☐ ／	8.	**B**	不真正不作為犯の未遂犯処罰の可否（結果回避可能性が認められない場合に，行為者を未遂犯として処罰することができるのか）について説明しなさい。

☐ ／ ☐ ／ ☐ ／	9.	**B**	不真正不作為犯の実行の着手時期について説明しなさい。

☐ ／ ☐ ／ ☐ ／	10.	**B**	不真正不作為犯の成立に「既発の危険を利用する意思」という故意以外の主観的要件を必要とするかについて説明しなさい。

☐ ／ ☐ ／ ☐ ／	11.	**B**	因果関係（実行行為と構成要件的結果との間にある一定の原因と結果との関係）の構造について説明しなさい。

☐ ／ ☐ ／ ☐ ／	12.	**A**	条件関係の意義及び判断方法について説明しなさい。

7.　　不作為とは「一定の期待された作為をしないこと」であって，無ではないから，ある「期待された行為」が存在したならば，結果が発生しなかったであろうという関係が認められれば条件関係がある（期待説）。

　　もっとも，条件関係とは行為と結果との事実的なつながりの有無自体であるから，作為であれ不作為であれ，およそ結果回避可能性がなければ，条件関係を肯定することはできない。したがって，結果回避可能性が認められる限り，条件関係を肯定することができる。

　　そして，不作為犯について，作為犯と別に解すべき理由はないから，結果回避可能性が認められるためには，合理的な疑いを超える程度に確実であることを要する（最決平元.12.15）。

8.　　否定説＝救命可能性がない（証明できない）以上，作為を命じる必要がない（＝作為義務がない）ため，未遂犯は成立しない。

　　不能犯における具体的危険説＝一般人を基準として救命可能性がある場合には，未遂犯が成立する。

　　不能犯における（修正された）客観的危険説＝結果回避可能性が存在する可能性を客観的に判断し，その存在した蓋然性が高い場合には，未遂犯が成立する。

9.　　結果発生の危険性が一定程度以上に高まった時点（作為義務違反の不作為が始まっただけでは足りない）をいう。

10.　　作為の実行行為について要求されていない主観的要件を不作為で要求することは妥当ではないから，不要である（最判昭33.9.9等）。

11.　　事実的基礎（事実的因果関係）と規範的観点（法的因果関係）から判断する。前者を条件関係と呼び，後者を（相当）因果関係と呼ぶ。

12.　　(1)　意義
　　　　当該行為が存在しなければ当該結果が発生しなかったであろうという関係（「あれなければこれなし」という関係，仮定的消去公式）をいう。
　　(2)　判断方法
　　　　①結果は具体的に記述されなければならない。
　　　　②仮定的事実を付加してはならない（付け加え禁止）。

| | | 13. | **B** | ＸＹがＡの飲物にそれぞれ致死量（100％）の毒薬を入れ，Ａがそれを飲んで死亡した場合の処理について説明しなさい。 |

| | | 14. | **B** | 死刑が執行される直前，執行官がまさにボタンを押そうとしている時に，死刑囚によって殺された娘の敵を討つため，娘の父親が執行官を押しのけて自らボタンを押し，死刑囚が死亡した場合の処理について説明しなさい。 |

| | | 15. | **B** | 行為時に事情が介在した場合の因果関係をいかに判断すべきかについて説明しなさい。 |

| | | 16. | **A** | 行為後に事情が介在した場合の因果関係をいかに判断すべきかについて説明しなさい。 |

| | | 17. | **A** | 故意（「罪を犯す意思」（38Ⅰ本文））の意義について説明しなさい。 |

| | | 18. | **B** | 故意責任の本質について説明しなさい。 |

13. 修正否定説＝ＸＹ共に殺人未遂罪として処断する。
修正肯定説１＝いくつかの条件の内，いずれかを除去しても結果は発生するが，全ての条件を除けば結果が発生しない場合，全ての条件につき条件関係を認める。したがって，ＸＹいずれにも殺人既遂罪が成立し得る。
修正肯定説２（合法則的条件関係説）＝行為と結果とが因果法則に従って結びつけられているかを問題とする別の判断公式（合法則的条件公式）を採用すべきとする。したがって，ＸＹいずれにも殺人既遂罪が成立し得る。

14. 付け加え禁止説＝条件関係肯定。
合法則的条件関係説＝条件関係肯定。
論理的関係説（付け加え肯定説）＝条件関係の判断自体が「行為者が法の期待通りふるまっていれば」というある種の仮定を前提としており，付け加え禁止とは単に考慮される仮定的な事情を限定するものにすぎない。そこで，仮定的消去公式という条件関係判断の公式を維持しつつ，当該行為が行われなかったとしても同一の結果が生じるとみられるときは，条件関係は認められないと解することによって，条件関係を肯定する（この見解によれば，仮定的消去公式は結果回避可能性に帰一することとなる）。

15. 因果関係は，結果発生の現実的危険を有する実行行為が結果を引き起こしたことを理由に，より重い刑法的評価を加えることが可能なほどの関係を認め得るかという法的評価の問題である。そして，具体的な事案ごとに妥当な帰責の範囲を画するためには，行為時に存在するあらゆる事情を判断資料に取り込まなければならない。そこで，行為当時における全ての客観的事情及び行為後における事情でも行為当時に経験法則上予見可能な事情を基礎として，行為の危険性が結果となって現実化したか否かを基準として判断する。

16. 因果関係は，結果発生の現実的危険を有する実行行為が結果を引き起こしたことを理由に，より重い刑法的評価を加えることが可能なほどの関係を認め得るかという法的評価の問題である。そこで，行為の危険性が結果となって現実化したか否かを基準とし，①行為の危険性と，②介在事情の結果発生への寄与度を重視すべきである。

17. 故意犯は過失犯よりも，より重い道義的非難に値するが，それは行為者の反規範的人格態度に求められると考えられ，かかる態度は犯罪事実の認容があってはじめて認められる。したがって，犯罪事実の表象（認識）に加え，結果発生を認容（結果が発生してもかまわないと思いつつ行為した）することが必要である（認容説（判例？最判昭23.3.16））。

18. 犯罪事実の認識・認容によって，規範に直面し，反対動機が形成できるのに，あえて犯罪に及んだことに対する道義的非難をいう。

□ /	**19.**	**B**	構成要件的事実の錯誤の種類について説明しなさい。
□ /			
□ /			

□ /	**20.**	**B**	具体的事実（同一構成要件内）の錯誤の種類について
□ /			説明しなさい。
□ /			

□ /	**21.**	**A**	甲はAを殺すつもりでピストルを発射したところ，ね
□ /			らいがはずれて側にいたBに当たり，Bが死亡した。こ
□ /			の場合に，(1)Bに対する殺人罪の故意を認めることがで

きるか，(2)Aに対する殺人未遂罪の故意を認めることが
できるかについて説明しなさい。

□ /	**22.**	**A**	抽象的事実の錯誤の処理について説明しなさい。
□ /			
□ /			

19.　①具体的事実（同一構成要件内）の錯誤，②抽象的事実（異なる構成要件間）の錯誤をいう。

20.　①客体（目的）の錯誤＝行為者が意図した客体とは別個の客体について，行為者が意図した客体であると誤信して侵害した場合。
　　②方法（打撃）の錯誤＝行為者のとった具体的手段がその予見した客体からはずれて，別の客体の上に結果が発生した場合。
　　③因果関係の錯誤＝侵害に至る因果経過に錯誤がある場合。

21.　⑴　故意責任の本質は，犯罪事実の認識（認容）によって，規範に直面し，反対動機が形成できるのに，あえて犯罪に及んだことに対する道義的非難である。そして，犯罪事実は，刑法上構成要件として類型化されており，かつ，各構成要件の文言上，具体的な法益主体の認識までは要求されていないと解されるから，行為者が認識・認容した事実と発生した事実とが構成要件内において符合していれば故意は認められる。したがって，具体的事実の錯誤については，故意は認められる（最判昭53.7.28等，法定的符合説（抽象的法定符合説））。
　　⑵　上記のように，故意の対象を構成要件の範囲内で抽象化する以上，故意の個数を問題としないから，故意は認められる（数故意犯説，最判昭53.7.28）。
　　　cf.　具体的符合説＝客体がいずれなのかは構成要件上重要な事実であるから，行為者が表象した事実と発生した事実が具体的に一致していなければ故意を認めない。

22.　故意責任の本質は，犯罪事実の認識（認容）によって，規範に直面し，反対動機が形成できるのに，あえて犯罪に及んだことに対する道義的非難である。そして，犯罪事実は刑法上構成要件として類型化されているから，構成要件に実質的な重なり合いが認められる場合には，その限度で反対動機を形成することができる。
　　したがって，構成要件の範囲内で主観と客観が一致することを要求し，構成要件の範囲内での一致がない場合，故意は否定されるのが原則であるが，構成要件の重なり合いが認められる場合には，その範囲で故意を認めるべきである（法定的符合説，最決昭54.3.27，最決昭61.6.9）。なお，かかる重なり合いは，①行為態様と②保護法益の共通性で判断すべきである。
　　　cf.　法定刑が同一の場合，客観的に生じた罪が成立すると考えるのが判例（最決昭54.3.27）。

□ ／
□ ／　　**23.** **A**　　因果関係の錯誤の処理について説明しなさい。
□ ／

□ ／
□ ／　　**24.** **A**　　過失犯の構造について説明しなさい。
□ ／

□ ／
□ ／　　**25.** **B**　　新過失論を前提に，予見可能性の判断基準及び程度について説明しなさい。
□ ／

□ ／
□ ／　　**26.** **B**　　新過失論を前提に，結果及び因果経過に対する予見可能性の程度について説明しなさい。
□ ／

□ ／
□ ／　　**27.** **B**　　新過失論を前提に，結果回避義務の内容の特定方法について説明しなさい。
□ ／

23. 　まず，因果関係は客観的構成要件に該当する事実であるから，因果関係の錯誤も事実の錯誤の問題として捉えるべきである。

　そして，故意責任の本質は，犯罪事実の認識・認容によって，規範に直面し，反対動機が形成できるのに，あえて犯罪に及んだことに対する道義的非難である。そして，犯罪事実は，刑法上構成要件として類型化されており，かつ，各構成要件の文言上，具体的な法益主体の認識までは要求されていないと解されるから，行為者が認識・認容した事実と発生した事実とが構成要件内において符合していれば故意は認められる。

　これを因果関係の問題にあてはめると，行為者が事前に予見した因果関係の内容と実際の因果の経過とが構成要件の範囲内で符合している限り，故意を認めることができる。

24. 　法律上要求される注意義務を果たしたとしても，なお結果が発生した場合には，社会的相当性を有する行為として違法性を阻却するべきである。また，構成要件は違法類型であるから，かかる場合には，構成要件該当性も否定される。かかる観点から，過失とは構成要件要素であり，客観的結果予見可能性を前提にした客観的結果予見義務違反と，客観的結果回避可能性を前提とした客観的結果回避義務違反（これが実行行為）から成ると解すべきである（新過失論）。

25. (1) 予見可能性の判断基準
　　　構成要件的過失の問題であるため，一般人の能力を基準とする（客観説（判例？））。なお，一般人とは，社会一般の通常人ではなく，行為者と同じ立場（地位，年齢，職業等）にある通常人を指す（東京地判平13.3.28）。
　　(2) 予見可能性の程度
　　　予見可能性は結果回避義務を基礎付けるためのものであるから，具体的な結果及び当該結果に至る因果経過の基本的部分の予見可能性が必要であるが，一般人をして結果回避へと動機付ける程度の予見可能性があれば足りる（具体的予見可能性説）。

26. (1) 結果回避義務を基礎付ける程度の予見可能性で足りる（新過失論）。
　　(2) 現実に結果発生に寄与した決定的要因が予見可能であることは，必ずしも必要ではなく，ある程度抽象化されたものが予見可能であれば足りる（最決平12.12.20）。

27. 　法文に規定がないため，法令・契約・慣習・条理等の様々な根拠から生じ，特に，行政取締法規には種々の注意義務が規定されている。ただし，行政取締法規は行政的な取締りを目的として定められたものであるため，行政取締法規を遵守しているだけで，結果回避義務を果たしたことにはならない。そこで，行政取締法規の内容を十分参考にしつつ，刑法独自の観点から，真に結果を回避する上で，必要かつ適切な具体的義務を検討するべきである。

□ /	**28.**	**B**	許された危険の法理（一般に，社会にとって有用であり，かつ，事故防止のために一定の安全措置がとられている危険活動について過失責任を否定する理論）の理論的根拠について説明しなさい。

□ /	**29.**	**B**	信頼の原則（被害者ないし第三者が適切な行動を取ることを信頼するのが相当な場合には，たとえそれらの者の不適切な行動により犯罪結果が生じても，それに対して刑責を負わなくてよいとする理論）の理論的根拠について説明しなさい。

□ /	**30.**	**B**	信頼の原則が認められる要件について説明しなさい。

□ /	**31.**	**B**	過失が段階的に重なった場合，いずれの行為を過失と捉えるべきかについて説明しなさい。

□ /	**32.**	**B**	監督過失と管理過失の意義について説明しなさい。

28.　　新過失論からは，結果回避義務違反が否定されるため，過失がないと理論構成をする。

29.　　被害者ないし第三者が適切な行動をとることを信頼するのが，社会的にみて不相当とはいえない場合にまで，行為者に結果回避義務を課すことは妥当でない。したがって，かような場合には行為者は結果回避義務がないため，過失がないと理論構成する。

30.　　①他の者が適切な行動をすることに対する現実の信頼が存在すること，②信頼が社会生活上相当なものであることをいう。

31.　　結果に直結する最後の過失だけが，結果に対し直接の危険性を有するから，直近過失だけが過失犯を構成する過失であって，それ以前の段階における過失は，単なる予備行為か背景事情にすぎない。かように解すれば，真の争点につき効率的な審理を行うことができる。よって，原則としては，結果に最も近接した最終の過失行為のみが過失として捉えられるべきである（直近過失一個説）。

　　もっとも，過失行為と目される行為が不可分密接に関連しており，かような考え方を貫くとかえって不合理な結果を招く場合がある。そのような場合は，例外的に，並存する過失を全体として法律上の過失と捉えるべきである。

32.　　監督過失とは，人に対する指揮監督等の不適切さが過失に結び付く場合をいい，管理過失とは，物的設備・機構，人的体制などの不備それ自体が結果発生との関係で刑事過失を構成し得る場合をいう。ただし，両者の区別は相対的である。

2 違法性

□ ／ 1. **B** 違法性の本質について説明しなさい。
□ ／
□ ／

□ ／ 2. **B** 違法性の判断要素として，主観的違法（正当化）要素
□ ／ を肯定することはできるかについて説明しなさい。
□ ／

□ ／ 3. **A** 違法性阻却の一般原理について説明しなさい。
□ ／
□ ／

□ ／ 4. **B** 可罰的違法性の理論によって犯罪の成立が否定される
□ ／ 場合について説明しなさい。
□ ／

□ ／ 5. **A** 正当防衛（36Ⅰ）の要件について説明しなさい。
□ ／
□ ／

□ ／ 6. **A** 正当防衛の要件（36Ⅰ）のうち，「急迫」性の意義につ
□ ／ いて説明しなさい。
□ ／

□ ／ 7. **B** 「急迫不正の侵害」（36Ⅰ）の開始時期について説明し
□ ／ なさい。
□ ／

2　違法性

1.　　刑法の目的は，法益保護のみならず，社会秩序維持にもあるから，違法性の本質は社会倫理規範に違反する法益侵害又はその危険であると解すべきである（行為無価値論）。

2.　　行為無価値論からは，違法性の判断に当たっては，法益侵害の有無のみならず，行為が社会倫理秩序に違反しているか否か（行為の社会的相当性）も考慮すべきであるから，主観的違法（正当化）要素は肯定すべきである。

2
違
法
性

3.　　法益性の欠如（法益侵害が行われたようにみえるが，具体的状況においては要保護性のある法益に対する侵害が認められないため，結果無価値の惹起は表見的なものにすぎない場合），優越的利益原理（価値の大きい利益のために価値の小さい利益が犠牲となった場合），社会的相当性（行為が社会生活上要求される基準から逸脱していないこと），可罰的違法性の理論（犯罪として刑罰を加えるに値する程度の違法性を欠く場合）である。

4.　　刑法は刑罰という重い制裁を科すものであるから，違法性は具体的に処罰に値する違法性を意味する（刑法の謙抑主義）と考えるべきである。したがって，全体としての法秩序の見地から違法性が認められたものの中から，①質的に刑法上の制裁としての刑罰を科するに適しており（違法性の質），②量的に一定程度以上の重さを有するもの（違法性の量）だけが取り上げられるべきであって，①・②に当たらないものは可罰的違法性に欠け，犯罪の成立が否定される。

5.　　①「急迫」性，
　　②「不正の侵害」，
　　③「自己又は他人の権利を防衛するため」（防衛の意思），
　　④「やむを得ずにした行為」である。

6.　　法益の侵害が現に存在しているか，又は間近に押し迫っていること（最判昭46.11.16）をいう。

7.　　侵害の急迫性が認められるためには，法益侵害の危険が具体的に切迫していることが必要であるが，正当防衛は侵害者に対する処罰ではない。したがって，実行の着手まで至る必要はなく，未遂に接着した予備行為の段階に至っていればよい。

□ ／	8. **B** 「急迫不正の侵害」（36 I）の終了時期について説明し
□ ／	なさい。
□ ／	

□ ／	9. **A** 甲はAの攻撃を予期し，その機会を利用して積極的に
□ ／	反撃してAをやっつけてしまう意思で待機していたとこ
□ ／	ろ，案の定Aが殴りかかってきたので，殴り返してAに
	傷害を負わせた。この場合に，正当防衛の要件のうち，「急
	迫」性が認められるかについて説明しなさい。

□ ／	10. **B** 自招侵害（被侵害者の過失によって相手方の侵害を挑
□ ／	発する結果となった場合）の処理について説明しなさい。
□ ／	

□ ／	11. **A** 正当防衛の要件のうち，「不正の侵害」（36 I）の意義
□ ／	について説明しなさい。
□ ／	

8. 侵害を加えられるおそれが継続しているか否か（侵害の開始時期より緩やかに判断されると解するのが一般的）により判断する。その際には，加害の意欲や再度の攻撃の可能性等の事情を考慮に入れ，諸事情を総合的に観察して判断すべきである。

---

9. 法が不正に譲歩する必要はないから，当然又はほとんど確実に侵害が予期されたとしても直ちに侵害の急迫性が失われるわけではない。しかし，侵害の予期がありながら，積極的に相手に対して加害行為をする意思で侵害に臨んだときは，「急迫」性を欠く。このような場合には，殺人，暴行などの通常の加害行為と何ら異なるものでなく，単なる違法行為にすぎないため，相手方との関係で特に法的保護を受ける地位にない（緊急行為性が欠ける）からである（最決昭52.7.21）。本事例の場合には，甲に積極的加害意思が認められるから，「急迫」性は認められない。

   cf. 近時，判例は，「刑法36条は，急迫不正の侵害という緊急状況の下で公的機関による法的保護を求めることが期待できないときに，侵害を排除するための私人による対抗行為を例外的に許容したものである。したがって，行為者が侵害を予期した上で対抗行為に及んだ場合，侵害の急迫性の要件については，侵害を予期していたことから，直ちにこれが失われると解すべきではなく…対抗行為に先行する事情を含めた行為全般の状況に照らして検討すべきである。具体的には，事案に応じ，行為者と相手方との従前の関係，予期された侵害の内容，侵害の予期の程度，侵害回避の容易性，侵害場所に出向く必要性，侵害場所にとどまる相当性，対抗行為の準備の状況（特に，凶器の準備の有無や準備した凶器の性状等），実際の侵害行為の内容と予期された侵害との異同，行為者が侵害に臨んだ状況及びその際の意思内容等を考慮し，行為者がその機会を利用し積極的に相手方に対して加害行為をする意思で侵害に臨んだとき…など，前記のような刑法36条の趣旨に照らし許容されるものとはいえない場合には，侵害の急迫性の要件を充たさないものというべきである」と判示した（最決平29.4.26）。

---

10. 防衛行為者が自ら不法な相互闘争状況を招いたといえる場合は，正対不正の関係ともいうべき正当防衛を基礎付ける前提を基本的に欠いた，不正対不正の状況にほかならない。そのため，正当防衛の成立は制限されるべきである。具体的には，侵害行為が防衛者の行為に触発されたその直後における近接した場所での一連一体の行為といえる場合には，侵害行為が自招行為の程度を大きく超える等の特段の事情がない限り，正当防衛は成立しないと解する（最決平20.5.20）。

---

11. 違法であることをいう。

| □ / | **12.** | **B** | 対物防衛の可否について説明しなさい。 |
| □ / |
| □ / |

| □ / | **13.** | **A** | 正当防衛（36Ⅰ）の要件のうち，「防衛するため」における防衛の意思の要否及びその内容について説明しなさい。 |
| □ / |
| □ / |

| □ / | **14.** | **B** | 偶然防衛の成否について説明しなさい。 |
| □ / |
| □ / |

| □ / | **15.** | **A** | 正当防衛（36Ⅰ）の要件のうち，「やむを得ずにした行為」の判断基準について説明しなさい。 |
| □ / |
| □ / |

| □ / | **16.** | **B** | 過剰防衛（「防衛の程度を超えた行為」）（36Ⅱ）に刑の減免が認められている根拠について説明しなさい。 |
| □ / |
| □ / |

| □ / | **17.** | **B** | 過剰防衛（「防衛の程度を超えた行為」）（36Ⅱ）の種類について説明しなさい。 |
| □ / |
| □ / |

| □ / | **18.** | **B** | 防衛行為の一体性の判断基準について説明しなさい。 |
| □ / |
| □ / |

12. 　行為無価値論からは否定。ただし，人の故意・過失が観念できる場合には，人間の「不正の侵害」があるものとして，正当防衛の成立を認める。

13. 　(1)　防衛の意思の要否
　　　　36条1項は権利を防衛する「ため」という文言を用いている。また，行為無価値論からは，行為の社会的相当性を判断するためには行為者の主観面も考慮に入れるべきである。したがって，防衛の意思は必要である。
　(2)　防衛の意思の内容
　　　　防衛行為は反射的に行われるものであるから，急迫不正の侵害を認識しつつ，それに対応しようとする意思で足りる。したがって，防衛の意思と攻撃の意思とが併存している場合の行為は，防衛の意思を欠くものではない（最判昭46.11.16，最判昭50.11.28，最判昭60.9.12）。

2

違
法
性

14. 　防衛の意思必要説からすれば，「防衛するため」の要件を満たさないため，正当防衛は成立しない。

15. 　正当防衛は「正対不正」の関係にあるから，防衛行為が唯一の侵害を回避する方法であることは要求されないし（＝補充性は要求されない），厳格な法益の権衡も要求されない（＝結果的に過剰な結果をもたらしても，相当性を満たし得る，最判昭44.12.4）。したがって，武器対等の原則を基本としつつ，攻撃者と防衛行為者の性別，年齢，力量等をも考慮して社会的に許容される行為と認められる行為か否かで決する。

16. 　過剰防衛は違法であるが，緊急な事態の下での行為であるので，精神の動揺のため多少の「行き過ぎ」があったとしても，強く非難できない場合もある（責任減少説）。

17. 　①質的過剰（急迫不正の侵害に対し，防衛手段が質的に相当性を欠いている場合を指し，過剰防衛が成立することに争いなし）
　②量的過剰（防衛行為が当初は正当防衛として行われた結果，相手方がその侵害を止めたのにもかかわらず引き続き追撃するような場合を指す。違法減少説を徹底する立場を前提として，量的過剰に過剰防衛の成立を認めない見解もあるが，判例は過剰防衛の成立を認めている（最判昭34.2.5））

18. 　人間の行為は，客観面と主観面の統合体であるから，2つの行為が客観的にみても主観的にみても関連性が強い場合には，行為の一体性を肯定すべきである。すなわち，2つの行為の時間的場所的接着性を前提として，侵害の継続性・防衛の意思（動機の同一性）の有無等を考慮に入れて，防衛行為の一体性を判断する。

□ ___/___	**19.** **A**	緊急避難（37 I 本文）の法的性質について説明しなさい。
□ ___/___		
□ ___/___		

□ ___/___	**20.** **A**	緊急避難（37 I 本文）の要件について説明しなさい。
□ ___/___		
□ ___/___		

□ ___/___	**21.** **A**	緊急避難（37 I 本文）の要素要件のうち，「現在の危難」の意義について説明しなさい。
□ ___/___		
□ ___/___		

□ ___/___	**22.** **B**	緊急避難（37 I 本文）の要素要件のうち，「避けるため」における避難の意思の要否及びその内容について説明しなさい。
□ ___/___		
□ ___/___		

□ ___/___	**23.** **A**	緊急避難（37 I 本文）の要素要件のうち，「やむを得ずにした行為」の判断基準について説明しなさい。
□ ___/___		
□ ___/___		

□ ___/___	**24.** **A**	緊急避難（37 I 本文）の要素要件のうち，「これによって生じた害が避けようとした害の程度を超えなかったこと」（法益の権衡）の判断基準について説明しなさい。
□ ___/___		
□ ___/___		

19. 違法性阻却事由説＝期待可能性がないことを理由に責任が阻却されると考えるのでは，刑法典が他人のための緊急避難を認めていることの説明がつかないこと，期待可能性がないことを理由にする場合は，法（37Ⅰ）が規定するような厳格な法益の権衡を要求する必要はないことから，違法性阻却事由と考えるべきである。

   責任阻却事由説＝緊急避難を行わないという期待可能性はないことから，責任阻却事由と考えるべきである。

   二分説＝優越的利益原理からは，必ずしも違法性阻却だけで説明しきれない。したがって，違法性阻却事由として機能する場合と，責任阻却事由として機能する場合に二分して考えるべきである。

20. ① 「現在の危難」，
    ② 「避けるため」，
    ③ 「やむを得ずにした行為」，
    ④ 「これによって生じた害が避けようとした害の程度を超えなかった場合」である。

21. 法益の侵害が現実に存在し，又は侵害が差し迫っていることをいう。

22. (1) 避難の意思の要否
       37条1項は現在の危難を避ける「ため」という文言を用いている。また，行為無価値論からは，行為の社会的相当性を判断するためには行為者の主観面も考慮に入れるべきである。したがって，避難の意思は必要である。
    (2) 避難の意思の内容
       避難行為は反射的に行われるものであるから，現在の危難を認識しつつ，それに対応しようとする意思で足りる。したがって，避難の意思と攻撃の意思とが併存している場合の行為は，避難の意思を欠くものではない。

23. 緊急避難行為は，まさに「最後の手段」として行われなければならないことから，危難を避けるための唯一の方法であって，他にとるべき手段がなかったことが必要である（補充性）。

24. 法益の権衡の判断に当たっては，37条1項本文に列挙された順番が一応の目安となるが，予測される実害の大きさや危険性の高低等の具体的諸事情を考慮することも必要である。

☐ ／ ☐ ／ ☐ ／	**25.**	**B**	過剰危難（37Ⅰただし書）の要件及び効果について説明しなさい。

☐ ／ ☐ ／ ☐ ／	**26.**	**B**	Aがつないであったβの飼犬を解き放してXにけしかけ咬みつかせようとしたため，Xが自分の身を守るためにβの犬を蹴殺した場合，Xに正当防衛が成立するかについて説明しなさい。

☐ ／ ☐ ／ ☐ ／	**27.**	**B**	Xが，Aが日本刀で切り掛かってきたのでとっさに傍らにあったβの竹刀でこれを防いだため，竹刀が壊れたという事例の処理について説明しなさい。

☐ ／ ☐ ／ ☐ ／	**28.**	**B**	Xは，Aが日本刀で切り掛かってきたので，防衛のためやむを得ずAに向けて石を投げたところ，石がAに当たらず傍らにいたβに当たってβを傷害したという事例の処理について説明しなさい（Aに対する罪責の検討は除く）。

☐ ／ ☐ ／ ☐ ／	**29.**	**B**	自救行為（法益を侵害された者が，法律上の正規の手続を通しての損害の回復によらず，自らその救済を図る行為）の要件について説明しなさい。

☐ ／ ☐ ／ ☐ ／	**30.**	**B**	犯罪成立阻却事由としての被害者の同意の体系的位置付けについて説明しなさい。

25.
(1) 要件
「その程度を超えた行為」（補充性（争いあり）又は法益の権衡の要件を満た
さなかった場合，37 I ただし書）。
(2) 効果
「情状により，その刑を減軽し，又は免除することができる」（37 I ただし書）。

26.　（対物防衛否定説から）Bの犬はAによる不正の侵害の一部を構成しているため，
正当防衛が成立する（通説）。

27.　Bの竹刀はおよそ「不正の侵害」（36 I）とは評価できないから正当防衛が成立
する余地はなく，緊急避難が成立し得るにとどまる（通説）。

28.　緊急避難説＝「正」の者に危難を転嫁するものであるから，緊急避難が成立する。
誤想防衛説（大阪高判平 14.9.4）＝主観的に正当防衛だと誤信し，行為に及ん
でいるから，誤想防衛の一種として責任故意が阻却される。
cf. 緊急避難説は違法性レベルの問題であり，誤想防衛は責任レベルの問題であ
るから，両説は互いに矛盾するものではない。

29.　法治国家においては権利の救済は公権力によるべきものであって，自救行為は現
在の法秩序と相容れないため，直ちに救済をはからなければ後日の救済が事実上不
可能ないし著しく困難となる場合にのみ認められる。具体的には，①法益に対する
違法な侵害がなされたこと，②侵害された法益の回復を国家の救済機関の手に委ね
るときは，回復が事実上不可能になるか，又は著しく困難になる明白な事態にある
こと，③自救の意思，④自救のためになされた行為が，その事態における直接的な
侵害回復行為として，社会観念上，相当なものであること（相当性の判断に当たっ
ては，方法及び程度についての補充性や法益権衡性なども考慮される）が必要であ
る。

30.　構成要件該当性阻却事由（処分可能な法益の侵害について法益主体の同意がある
とき，法益が消滅することから，最初から法益侵害が認められない）となるもの＝
監禁罪，住居侵入罪，強制性交等罪（旧強姦罪），窃盗罪，詐欺罪等
違法性阻却事由（法益侵害そのものは存在し（構成要件該当性は肯定され），具
体的事情の下でその法益の要保護性が否定されることにより（行為の社会的相当性
が認められることにより），違法性が阻却される）となるもの＝傷害罪

☐ /	**31.**	**Ⓑ**	犯罪成立阻却事由としての被害者の同意の有効要件について説明しなさい。
☐ /			
☐ /			

☐ /	**32.**	**Ⓐ**	保険金詐欺目的で被害者の同意を得て，自動車を衝突させ被害者を傷害した。この場合，違法性を阻却するかについて説明しなさい。
☐ /			
☐ /			

☐ /	**33.**	**Ⓐ**	被害者の同意に錯誤がある場合，同意の有効性が認められるかについて説明しなさい。
☐ /			
☐ /			

☐ /	**34.**	**Ⓑ**	経験が浅く運転技術が未熟な甲が，ダートトライアル場内で，約7年の経験のあるAを同乗させてダートトライアル車を運転していたが，カーブを曲がりきれず暴走させ，自動車を防護柵に激突させてAを死亡させたという事案において，違法性が阻却される場合があるかについて説明しなさい。
☐ /			
☐ /			

31. ①処分可能な法益であること（法益主体による同意），②同意能力，③同意の対象・程度（実行行為のみならず，法益侵害結果に及んでいることが必要），④行為時の承諾，⑤外部に表明されたもの（黙示でも可），⑥承諾あることを行為者が認識していること（主観的正当化要素）をいう。

　　cf. 行為無価値論を重視する立場からは，社会的相当性の存否が違法性阻却の基準となるから，有効な同意は判断の一要素にすぎないこととなる。

32. 被害者の同意がある場合は違法性を阻却すると考える。行為無価値論からは，被害者の同意がある場合には，当該行為が社会的に不相当とまではいえないからである。

　　とはいえ，全ての同意が違法性を阻却するのではなく，社会的に相当と認められる限度においてである。具体的には，単に承諾が存在するという事実だけでなく，右承諾を得た動機，目的，身体傷害の手段，方法，損傷の部位，程度など諸般の事情を照らし合わせて決すべきである（最決昭55.11.13）。

　　これを本件について見ると，違法な目的に利用するために得られた同意であるから，違法性を阻却しない（ただし，判例は，「自動車を衝突させるという態様が，危険性の高い（制御ができない）もの」であることも考慮に入れており，違法な目的であるというだけで違法性の阻却を認めなかったわけではない）。

33. 欺罔がなければ被害者は同意を与えなかったのであり，それが意思決定に与える影響が決定的であった限りは，同意が被害者の真意に沿わない不本意なものであったことになる。したがって，被害者の意思決定に当たって重要な影響を与える錯誤があったときは，同意は無効である（最大判昭24.7.22，最判昭33.11.21）。

34. スポーツ等の有する社会的有用性という許された危険の観点も加味しつつ，行為者の具体的な行為態様が当該行為にかかるルールが許容する範囲内にあったことから社会的相当性の枠内にあったと考えられる場合には，違法性が阻却される。

2

違

法

性

3　責　任

□／
□／　**1.**　**A**　結果的加重犯において，加重結果を行為者に帰責する
□／　　　　のに，過失は必要かについて説明しなさい。

□／
□／　**2.**　**B**　責任の本質及び要素について説明しなさい。
□／

□／
□／　**3.**　**B**　「心神喪失」（39Ⅰ）の意義について説明しなさい。
□／

□／
□／　**4.**　**B**　「心神耗弱」（39Ⅱ）の意義について説明しなさい。
□／

□／
□／　**5.**　**B**　酒や薬物によりあえて自分を心神喪失（又は心神耗弱）
□／　　　　の状態に陥れ，その状態で犯罪の結果を引き起こした場
　　　　　　合，39条の適用があるかについて説明しなさい。

□／
□／　**6.**　**B**　行為者に責任故意を認めるために違法性の意識が必要
□／　　　　かについて説明しなさい。

3　責　任

1. 基本犯たる故意犯にはもともと重い結果発生の高度の危険が含まれており，これを類型化したものが結果的加重犯であるから，基本犯たる傷害を犯す者に重い結果としての致死についてまで責任を問うことは，社会生活観念上不合理ではない。したがって，重い結果についての過失は不要である（最判昭26.9.20，最判昭32.2.26）。

2. (1)　責任の本質
　　　道義的責任論＝違法行為を思いとどまることもできたのに，あえて違法行為に出たことについての道義的非難をいう。
　(2)　責任の要素
　　　規範的責任論＝責任判断とは，行為者に対する規範的で消極的な評価（正しい行為をすべきなのに違法な行為を行ったことに対する非難可能性）である。この立場からは，責任要素として，責任能力，違法性の意識の可能性，適法行為の期待可能性の3つがそれぞれ存在することが必要である。

3. 精神の障害により事の是非善悪を弁識する能力（事理弁識能力）又はそれに従って行動する能力（行動制御能力）が失われた状態をいう。

4. 精神の障害により事の是非善悪を弁識する能力（事理弁識能力）又はそれに従って行動する能力（行動制御能力）が著しく減退している状態をいう。

5. 責任能力が必要とされている根拠は，犯罪的結果が責任能力ある状態での意思決定に基づいて実現しているときにはじめて非難が可能であるという点にあるため，実行行為を心神喪失・心神耗弱時の結果行為に求めつつ，それ以前の責任能力状態下の意思態度につき非難可能性が認められれば，行為全体について完全な責任を問うことができる。すなわち，行為を1個の意思の実現過程として捉え，行為が1つの意思決定によって貫かれている（意思の連続性がある）限り，責任能力は行為への最終的意思決定のとき，すなわち当該違法行為を含む行為全体の開始時にあればよく，39条の適用は排除される（「行為と責任の同時存在の原則」を修正し，広義の行為と責任能力の同時存在の原則と理解する）。

6. 違法性の意識の可能性すらない場合には反対動機の形成可能性がなく，非難することができない。したがって，違法性の意識自体は必ずしも必要でないが，違法性の意識の可能性は責任故意の要件として必要である（制限故意説）。

☐ /	7.	**A**	違法性阻却事由に該当する事実に錯誤がある場合，責任故意が阻却されるかについて説明しなさい。
☐ /			
☐ /			

☐ /	8.	**B**	急迫不正の侵害がないのにあると誤信し，防衛のために不相当な（防衛の程度を超える）行為をした場合（過剰性の認識もあるものとする）の処理について説明しなさい。
☐ /			
☐ /			

☐ /	9.	**B**	規範的構成要件要素の錯誤の処理について説明しなさい。
☐ /			
☐ /			

☐ /	10.	**B**	期待可能性の判断基準について説明しなさい。
☐ /			
☐ /			

7.　　故意責任の本質は犯罪事実の認識によって反対動機が形成されるのに，あえて犯行に及んだ点に求められるところ，違法性阻却事由がないのにあると認識した場合，反対動機を形成できない。したがって，違法性阻却事由に錯誤ある場合，責任故意は阻却される。

8.　　急迫不正の侵害がないため，正当防衛は成立しない。また，過剰性の認識がある以上，違法性阻却事由の錯誤がないため，責任故意も阻却されない。したがって，犯罪は成立する。

　　もっとも，過剰防衛による刑の任意的減免の根拠は，たとえ過剰なものであっても行為者を非難し得ないとの責任減少に求めることができるところ，急迫不正の侵害を認識している以上，この場合も責任減少が認められる。したがって，過剰防衛の規定（36Ⅱ）を準用するべきであるが，免除の規定を準用することは許されない。過剰性に認識がない場合も，過失犯が成立し，刑が科される可能性がある一方で，故意犯が成立するのに刑が全部免除されるというのは結論として不均衡だからである（最決昭41.7.7，最決昭62.3.26）。

9.　　故意が認められるだけの事実の認識とは，自然的意味の認識だけでは足りず，当該事実が構成要件該当事実であることの社会的意味の認識まで必要である。社会的意味の認識までなければ，違法性の意識を喚起することができず，刑罰法規に触れることを避け得ないからである。

　　したがって，規範的構成要件要素であっても，自然的意味の認識だけでは足りず，社会的意味の認識が必要である。もっとも，要件の存否を決するに当たり，裁判官の規範的・評価的な価値判断が介在せざるを得ないから，専門家的な認識までは要せず，素人的な認識で足りるものと解する。

10.　　期待可能性の理論は，行為者の人間性の弱さに対して法的救済を与えることを目的としているから，その存否を判断する標準も，行為者自身の立場に求められるべきである。したがって，行為の際における行為者自身の具体的事情を基準とすべきである（行為者標準説）。

3

責

任

4 修正された構成要件

□ / 1. **B** 未遂犯（43本文）の構成要件について説明しなさい。
□ /
□ /

□ / 2. **A** 実行の着手時期（43本文）について説明しなさい。
□ /
□ /

□ / 3. **B** 未遂犯（43本文）として可罰的か，それとも不能犯と
□ / して不可罰かを区別する基準について説明しなさい。
□ /

□ / 4. **B** 中止犯（43ただし書）の法的性格について説明しなさい。
□ /
□ /

□ / 5. **A** 結果が発生した場合における中止犯（43ただし書）の
□ / 成否について説明しなさい。
□ /

4　修正された構成要件

1.　① 「犯罪の実行に着手して」，
② 「これを遂げなかった」ことである（43本文）。

2.　「犯罪の実行に着手」という43条の文言上の制約から，ある程度構成要件該当行為に密接した行為であることを要求せざるを得ない。また，未遂犯の処罰根拠は既遂に至る客観的危険性を発生させる点にあるから，法益侵害ないし構成要件の実現に至る現実的危険性が認められるときに実行の着手を認めるべきである。

したがって，「実行」の「着手」は，構成要件該当行為に密接し，法益侵害ないし構成要件の実現に至る現実的危険性が認められる行為が行われた時点で認められるものと解する。具体的には，準備的行為と構成要件該当行為との不可分性，時間的場所的接着性，準備的行為終了後障害となるような特段の事情の有無，準備的行為が成功する可能性等の諸事情を総合的に考慮して決すべきである。なお，かかる危険性は行為者の計画まで考慮に入れなければ，正確に判断することが難しいから，行為者の計画をも考慮に入れて判断すべきである（最決平16.3.22）。

3.　不能犯が不処罰とされる根拠は，法益侵害ないし構成要件の実現に至る現実的危険性を欠いた点に求められる。したがって，不能犯と未遂犯の区別は結果発生の危険性の有無に求められる。

そして，構成要件は一般人への行為規範であるから，一般人の認識し得る事情を基礎として，一般人の視点から判断して結果発生の危険性がある場合か否かをもって判断すべきである。また，基礎事情として特に行為者が知っていた事情を取り込まなければ，帰責の範囲において妥当な結論を導くことはできない。以上から，行為時に一般人が認識し得た事情，及び行為者が特に認識していた事情を基礎にして，一般人を基準に具体的危険の有無を判断するのが妥当である（具体的危険説）。

4.　違法性減少説＝（行為無価値論から）刑法の要求する行動基準に従った行為が行われたところにその理由がある。
責任減少説＝現行法が「自己の意思によ」る中止を要件としているのは，中止行為が行為者の規範意識が働き得る心理状態において行われたことを要求するものである。
危険消滅説（違法・責任減少説）＝中止犯の規定は法益保護という政策目的を実現するために，いったん既遂結果実現の危険性を惹起した者について，自らその危険性を消滅させることを推奨するべく定められた政策的な規定である。

5.　中止犯も未遂犯の一形態である以上，結果が発生した場合は適用の余地はないから，中止未遂は成立しない（通説）。

□ /	6.	**B**	「自己に意思により」(43ただし書)の意義について説明しなさい。
□ /			
□ /			

□ /	7.	**A**	「中止した」(43ただし書)の意義について説明しなさい。
□ /			
□ /			

□ /	8.	**B**	「中止した」(43ただし書)といえるために，真摯な努力が必要かについて説明しなさい。
□ /			
□ /			

□ /	9.	**B**	中止犯(43ただし書)の成立のために中止行為と結果不発生との間の因果関係が必要かについて説明しなさい。
□ /			
□ /			

□ /	10.	**B**	予備罪に対する中止犯(43ただし書)の成否ついて説明しなさい。
□ /			
□ /			

□ /	11.	**A**	間接正犯の成立要件(実行行為性が認められるか)について説明しなさい。
□ /			
□ /			

6. 中止犯の法的根拠は責任減少と政策的理由にある。とすれば，自己の自由な意思によって中止したといえるならば，責任の減少は認められるし褒賞も与えるべきである。そこで，「自己の意思」による中止があったといえるには，犯行継続の難易，行為者の予測・計画，犯意の強弱，中止行為の態様等の諸事情を総合的に考慮して，やろうと思えばできたがあえてやらなかったと評価できることを要し，かつ，それをもって足りるものと解する（主観説）。

7. 中止未遂は犯罪の完成を防止したことをその成立要件とするのだから，結果発生の蓋然性を中心に中止行為を考えるべきである。すなわち，結果発生に向けて因果の流れがいまだ進行を開始していない場合は単なる不作為で足りるが，結果発生に向けて因果の流れが既に進行を開始している場合には，結果発生防止に向けての積極的な措置が必要となると解する。

8. 中止未遂における刑の必要的減免の根拠は政策的観点と責任減少に求められるから，中止行為は真摯なものであることを要すると解すべきである。

9. 中止未遂における刑の必要的減免の根拠は政策的観点と責任減少に求められるところ，中止行為がなされる限り，責任が減少するし，政策的にも褒賞を与えるべきである。したがって，因果関係は不要と解する（多数説）。

10. 否定説（最大判昭29.1.20）＝予備は一種の挙動犯であり，予備行為があればただちに既遂になるため，中止の観念を入れる余地がなく，成立しない。
　　肯定説（通説）＝予備は基本的構成要件へと発展するものであり，基本的構成要件との関係では法的にも中止を考えることができるから，成立する。
　　cf. 強盗予備罪（237）においては免除の規定がなく，刑の均衡を失するおそれがあるため，免除に限って43条ただし書の準用を認めるべきとする見解もある。

11. 正犯とは自らの意思で犯罪を実現し，第1次的な責任を負う者であるから，直接手を下さなくとも被利用者を通して因果経過を実質的に支配し，自己の犯罪事実実現の目的を遂げた者もまた正犯とすることに問題はない。したがって，行為者が被利用者に対して行為支配性を有していること，他人の犯罪を「自己の犯罪」として実現する意思を有していることの2つの要件を満たす場合には，この者を間接正犯として処罰することができると解する。

4 修正された構成要件

□ ／
□ ／ **12.** **B** 間接正犯の実行の着手時期について説明しなさい。
□ ／

□ ／ **13.** **B** 間接正犯の故意で教唆犯（61Ⅰ）の結果を生じさせた
□ ／   場合，どのように処理するべきかについて説明しなさい。
□ ／

□ ／ **14.** **A** 共犯の処罰根拠について説明しなさい。
□ ／
□ ／

□ ／ **15.** **B** 未遂の教唆の成否について説明しなさい。
□ ／
□ ／

□ ／ **16.** **A** 共犯の因果性について説明しなさい。
□ ／
□ ／

12.
　　実行の着手は，43条の文言上の制約からくる構成要件該当行為への密接性，及び未遂犯の実質的処罰根拠から導き出される法益侵害ないし構成要件の実現に至る現実的危険性の2つの基準をもって判断すべきである。そして，かかる危険性の発生及び密接性は，個々の具体的な事案によって変わり得るものである。
　　そうすると，間接正犯においても，行為の態様如何によって実行の着手時期は変わり得ると解するのが妥当である。具体的には，利用者の行為に十分な危険性及び構成要件該当行為への密接性が認められれば，これが実行行為と評価され，ここに実行の着手が認められる。反対に，利用者の行為が危険でなく，又は構成要件該当行為への密接性が認められない場合には，他人の行為（構成要件該当行為）において実行の着手が認められる（個別化説）。

13.
　　故意責任の本質は，犯罪事実の認識（認容）によって，規範に直面し，反対動機が形成できるのに，あえて犯罪に及んだことに対する道義的非難であるところ，認識と事実との間に重なり合いの認められる限度では反対動機を形成することができる。したがって，認識と事実との間に重なり合いの認められる限度で罪責を負うとすべきである。
　　ここで，間接正犯と教唆犯とは他人を利用して法益侵害の結果を発生させる点に客観面における共通点が認められ，間接正犯の故意は教唆犯の故意を含むというべきである。また，間接正犯は教唆犯よりも犯情の点で重い。したがって，軽い教唆犯の限度で処断するのが妥当である。

14.
　　正犯の実行行為を通じて「間接的に」その結果及びその危険性を惹起する点に処罰根拠がある（因果的共犯論（惹起説・通説））。

15.
　　因果的共犯論からは，処罰根拠は正犯と共犯で共通するため，正犯において結果の発生の認識まで必要とされている以上，共犯においても結果の発生の認識が必要である。したがって，教唆の故意を欠き未遂の教唆は成立しない。

16.
　　共犯の場合には，単独正犯と同様の条件関係（結果回避可能性）は不要である（条件関係（結果回避可能性）の要件は不可抗力を避けるためであり，正犯者（共同正犯の場合には，他方共犯者）が結果回避可能な場合には，不可抗力な事態とはいえない）。また，相当因果関係又は客観的帰属の要件は異常な事態を避けるためであるから，共犯（幇助犯）の場合には，正犯行為を物理的若しくは心理的に促進し，又は容易にすることがあれば，満たされる。したがって，結果との因果性が必要であるが，正犯行為を物理的若しくは心理的に促進し，又は容易にすることで足りる。

4
修正された構成要件

☐ /	17.	**B**	承継的共犯の成否について説明しなさい。	

☐ /	18.	**B**	甲がAに暴行を加えていたところ，途中から乙が加わって暴行を加えたが，傷害の結果がいずれの暴行から生じたのか不明であったという事例において，乙に傷害結果を207条の適用によって帰責させることができるかについて論じなさい。	

☐ /	19.	**A**	共犯からの離脱（共犯関係の解消）について説明しなさい。	

☐ /	20.	**B**	共犯（共謀）の射程について説明しなさい。	

☐ /	21.	**B**	共犯の従属性のうち，実行従属性（狭義の共犯が成立するには，正犯者の実行の着手が必要かどうかの問題）について説明しなさい。	

☐ /	22.	**B**	共犯の従属性のうち，要素従属性（従属性の程度の問題）について説明しなさい。	

17.　　因果的共犯論からは，因果性を遡ることはできないから，原則として承継的共犯は成立しない。もっとも，後行者が先行者の行為を自己の犯罪遂行の手段として（積極的に）利用した範囲においては，その限度において結果惹起に対する因果性を肯定できるから，共犯の成立が認められる。

18.　　207条は共犯関係の全く存在しない同時傷害の場合にすら，傷害結果を各行為者に帰責させるものであり，後行部分については共犯関係のある承継的共同正犯の場合には尚更妥当するから，乙に傷害結果を207条の適用によって帰責させることができる。

19.　　共犯の処罰根拠は，自己の行為が結果に対して因果性を与えた点に求められる。そうだとすれば，後の結果と自己の行為との因果性が断ち切られたと評価できれば共犯関係からの離脱を認めてもよい。よって，離脱の認定は，因果性の除去があるかどうかによることになる。

20.　　共犯の処罰根拠は，自己の行為が結果に対して因果性を与えた点に求められる。したがって，共犯（共謀）の射程が及ぶか否かは，因果性が及ぶか否かによって決せられるべきである。

21.　　共犯独立性説＝主観主義刑法から，狭義の共犯の成立には，必ずしも正犯者が「実行」に着手する必要はない（正犯なき共犯を認める）。
　　　　共犯従属性説＝①61条・62条は，教唆犯及び従犯の成立要件としてそれぞれ「人を教唆して犯罪を実行させ」，「正犯を幇助し」と規定しており，いずれも正犯の存在を予定していること，②教唆の未遂（教唆したが正犯者が実行に着手しなかった場合）を処罰する特別規定が存在することからすれば（破壊活動防止法39条），それ以外の場面では，共犯従属性説を採用することが前提とされていること，③因果的共犯論から，狭義の共犯の成立には，正犯者が少なくとも「実行」に着手したことが必要である（正犯なき共犯を認めない）。

22.　　最小（限）従属性説＝正犯が単に構成要件に該当すれば足りるとする説。
　　　　制限従属性説（通説）＝①正犯行為が適法ならば，共犯者も適法な行為を引き起こしたにすぎないのだから，処罰されるべきではないこと，②因果的共犯論から，正犯が構成要件に該当し，かつ，違法であることを要するとする説（「違法性は連帯，責任は個別に」）。
　　　　極端従属性説＝正犯が構成要件該当性，違法性及び責任を具備することを必要とする説。

4
修正された構成要件

☐ ／ ☐ ／ ☐ ／	23.	**A**	共同正犯（60）の構成要件について説明しなさい。

☐ ／ ☐ ／ ☐ ／	24.	**B**	正犯意思の判断要素について説明しなさい。

☐ ／ ☐ ／ ☐ ／	25.	**B**	甲は，Aの殺害を企図する乙から「お前先に行ってくれ。やられたら包丁を使え」と説得され，喧嘩になることはないだろうと思って，乙とともに目的地に向かったところ，到着すると，いきなりAから日本刀で攻撃されたため，身の危険を感じAの殺害もやむを得ないと考えるに至り，用意していた包丁でAを殺害した（甲は正当防衛）という事案において，乙に正当防衛（36 I）が成立するかについて説明しなさい。

☐ ／ ☐ ／ ☐ ／	26.	**B**	上記の事例において，甲が過剰防衛となる場合，乙に過剰防衛が成立するかについて説明しなさい。

☐ ／ ☐ ／ ☐ ／	27.	**B**	過失の共同正犯の成否について説明しなさい。

☐ ／ ☐ ／ ☐ ／	28.	**B**	片面的共同正犯の成否について説明しなさい。

☐ ／ ☐ ／ ☐ ／	29.	**B**	結果的加重犯の共同正犯の成否について説明しなさい。

23. 　まず，共同正犯も「正犯」(60) である以上，①正犯意思（当該犯罪を自らの犯罪として実行する意思）が必要である。また，相互利用補充関係による共同犯行の一体性を基礎付けるため，「2 人以上共同して犯罪を実行した」(60) と認められるためには，②共謀（意思連絡）及び③共謀（意思連絡）に基づく実行行為が必要である。

24. 　①被告人（共謀者）と実行行為者の関係
②被告人の犯行の動機
③被告人と実行行為者の意思疎通行為
④被告人が行った具体的加担行為ないし役割
⑤犯行の周辺に認められる徴憑的行為

25. 　共同正犯の正犯性ゆえに従属性の議論が共同正犯には妥当しないとする見解＝違法性阻却事由を個別的に検討することが可能なため，積極的加害意思のある乙には正当防衛は成立しない。
従属性の議論が共同正犯にも妥当するとする見解
　①最小限従属性説＝違法性阻却事由を個別的に検討することが可能であるから，積極的加害意思のある乙には正当防衛は成立しない。
　②制限従属性説＝主観的（行為無価値的）な違法要素である積極的加害意思は個別的に考えることができるため，積極的加害意思のある乙には正当防衛は成立しない。

26. 　過剰防衛（36 Ⅱ）の減免根拠は責任減少にあるため（責任減少説），過剰防衛の成否は個別的に検討することができる（違法性減少説，違法性責任減少説を採った場合には上記と同様の問題が生じる）。

27. 　客観的注意義務違反は，共同の注意義務に共同して違反することが可能（最決平 28.7.12 参照）であるから，新過失論からは肯定される。

28. 　意思連絡を欠くため否定される（大判大 11.2.25・通説）。

29. 　結果的加重犯における過失不要説からは，共同行為と因果関係の認められる範囲内にある重い結果についても，共同正犯としての責任を問うことができることから，成立する（最判昭 26.3.27・多数説）。

		30.	B	他人予備の可罰性について説明しなさい。

☐ ／
☐ ／
☐ ／

		31.	B	予備罪の共同正犯（60）の成否について説明しなさい。

☐ ／
☐ ／
☐ ／

		32.	B	「教唆」（61Ⅰ）の意義について説明しなさい。

☐ ／
☐ ／
☐ ／

		33.	B	「幇助」（62Ⅰ）の意義について説明しなさい。

☐ ／
☐ ／
☐ ／

		34.	B	教唆と精神的幇助の区別について説明しなさい。

☐ ／
☐ ／
☐ ／

		35.	B	連鎖的共犯（再間接教唆・間接幇助）の成否について説明しなさい。

☐ ／
☐ ／
☐ ／

		36.	B	過失による教唆・幇助の成否について説明しなさい。

☐ ／
☐ ／
☐ ／

		37.	B	過失犯の教唆・幇助の成否について説明しなさい。

☐ ／
☐ ／
☐ ／

30. 予備罪は通常，その文理において「犯す目的」を要求しているから，予備罪は成立しない。

31. 予備行為にも実行行為性が認められるから，共同正犯が成立する（最決昭37.11.8）。

32. 他人をそそのかして犯罪を実行する決意を生じさせる行為（＝人に特定の犯罪を実行する決意を生じさせる意思（教唆の故意）で，特定の犯罪を実行する決意を生じさせること。大判大6.5.25ほか）

33. 他人の犯罪に加功する意思をもって，有形，無形の方法によりこれを幇助し，他人の犯罪を容易ならしむるものをいう（最判昭24.10.1）。

34. 正犯者の心理における当該犯罪実行の可否をめぐる判断に，決定的な動機付けを与えた点に教唆犯処罰の根拠があるから，①正犯者に全く犯意がなかった場合，②正犯者が計画していた不法内容より増加した不法内容を実行させた場合，③計画は有していたが，犯罪を実行するか否かをいまだ迷っていた正犯者に，実行の決定的な動機付けを与えた場合に教唆犯となる。

35. ①（再間接教唆について）教唆者を教唆した者も教唆者に他ならないので，「教唆者を教唆した者」という規定の「教唆者」は，教唆者及び間接教唆者ばかりでなく，それ以上の連鎖的教唆者をも含むこと，②（間接幇助について）正犯自身を間接的に幇助したといえる限度で処罰に値すること，③因果的共犯論から，いずれも成立する（間接教唆の教唆について大判大11.3.1，間接幇助について最決昭44.7.17）。

36. 過失による教唆＝故意に犯意を生ぜしめるという「教唆」の語義に反するため，不可罰である。
　　過失による幇助＝幇助の故意が欠けるため，不可罰である。

37. 過失犯の教唆＝過失犯に犯意を生ぜしめることは不可能であるから，不可罰である。
　　過失犯の幇助
　　　可罰説＝従犯は「正犯を幇助」すればよく，幇助行為には片面的なものも含まれるところから，教唆犯と異なり過失犯に対する従犯も可能である。
　　　不可罰説＝処罰範囲が無限定に拡大してしまう。

4
修正された構成要件

☐ /___ ☐ /___ ☐ /___	**38.**	**B**	中立的行為（適法行為にも違法行為にも利用できる価値両様の技術等を提供する行為）による幇助の成否について説明しなさい。

☐ /___ ☐ /___ ☐ /___	**39.**	**B**	甲は殺人の意思で，乙は傷害の意思で共同してAに切り掛かり，結局，甲の行為によりAは死亡した。このように故意内容が異なる甲・乙間に共同正犯（60）が成立するか，成立するとしてどの範囲で成立するかについて説明しなさい。

☐ /___ ☐ /___ ☐ /___	**40.**	**A**	身分犯の種類について説明しなさい。

☐ /___ ☐ /___ ☐ /___	**41.**	**A**	「身分」（65）の意義について説明しなさい。

☐ /___ ☐ /___ ☐ /___	**42.**	**A**	65条1項と2項の関係について説明しなさい。

☐ /___ ☐ /___ ☐ /___	**43.**	**A**	65条1項の「共犯」に共同正犯（60）を含むかについて説明しなさい。

38. 　幇助行為を限定する立場＝有用性がある程度あったことを理由に，客観的に幇助
　　行為に該当しないと解すべき（このことを許された危険の法理の観点から説明
　　する学説もある）。
　　故意を否定するという立場＝幇助の客観的要素に対応する認識以上のものを主観
　　的要素として要求する（確定的故意がある場合には可罰的だが，不確定的故意
　　の場合には不可罰）。
　　違法性を阻却するという立場＝刑法の謙抑性という観点から，35条による違法
　　性阻却を認めるべき場合がある。

39. 　犯罪共同説＝共同正犯は特定の「犯罪」を「共同」（60）にするため，原則とし
　　て罪名の一致が要求されるが，複数の犯罪が部分的に一致していれば足り，構
　　成要件が同質的で重なり合うものであるときは，その重なり合う範囲内におい
　　て共同正犯の成立を認める（部分的犯罪共同説（判例？最決昭54.4.13，最決
　　平17.7.4参照））。したがって，傷害致死罪の限度で共同正犯となる（甲には
　　別途殺人罪の単独犯が成立）。
　　行為共同説＝共同正犯は「行為」を「共同」にするため，原則として罪名の一致
　　は要求されず，構成要件該当行為の一部又は重要部分を共同した場合にのみ共
　　同正犯が成立するとする（やわらかい行為共同説）。したがって，殺人罪と傷
　　害致死罪の共同正犯が成立する。

40. 　①真正身分犯（行為者の一定の身分が犯罪の成立要素となるもの），②不真正身
　　分犯（行為者の一定の身分が刑の加重・減軽の要素となるもの）をいう。

41. 　男女の性別，内外国人の別，親族の関係，公務員たるの資格のような関係のみに
　　限らず，すべて一定の犯罪行為に関する犯人の人的関係である特殊の地位又は状態
　　をいう（最判昭27.9.19）。

42. 　条文の文理（「構成すべき」（65 I），「軽重があるとき」（65 II））から，1項は
　　真正身分犯についての規定であり，2項は不真正身分犯についての規定である（判
　　例・通説）。

43. 　非身分者であっても身分者と共同して違法な法益侵害の結果を惹起することは可
　　能であるから含まれる（大判大4.3.2）。

□ ／
□ ／
□ ／

44. **B** 　Xは，内縁関係にあるAがXの次男Bに対し顔面，頭部を殴打するなどのせっかんを加え同人を死亡させた際，Aがせっかんを開始したことを認識しつつ，Aの行動には無関心を装っていた。Xに傷害致死罪（205）の，単独正犯・共同正犯（60）・幇助犯（62Ⅰ）のいずれが成立するかについて説明しなさい。

44.　(1)　共同正犯の成立可能性

　　XとAとの間に意思の連絡が認められ，不作為が重要な意味を持っている場合には共同正犯となり得る。

(2)　単独正犯・幇助犯の成立可能性

　　Xは構成要件の実現を支配（行為支配）したとは認められないため，原則として幇助犯にとどまるというべきである。そこで，不作為正犯と同様，①作為義務（保証人的地位），②作為の可能性・容易性，③因果関係（結果回避可能性，条件関係）が認められれば，幇助犯が成立する。なお，③については，作為による幇助が結果発生を（心理的・物理的に）促進し，容易にすることで足りることから，不作為幇助についても同様に解すべきであり，犯行を確実に阻止できなくても，それを困難にすることができた可能性があれば足りる（札幌高判平12.3.16参照）。

5　罪数論

☐ ／
☐ ／　　**1.**　　**A**　　併合罪（45前段）の意義について説明しなさい。
☐ ／

☐ ／
☐ ／　　**2.**　　**B**　　観念的競合（54Ⅰ前段）の意義及び判断基準について
☐ ／　　　　　　　　　説明しなさい。

☐ ／
☐ ／　　**3.**　　**A**　　牽連犯（54Ⅰ後段）の意義及び判断基準について説明
☐ ／　　　　　　　　　しなさい。

☐ ／
☐ ／　　**4.**　　**B**　　包括一罪の意義について説明しなさい。
☐ ／

5　罪数論

1.　「確定裁判を経ていない2個以上の罪」（45前段）をいう。

2.　「1個の行為が2個以上の罪名に触れ」る場合（54Ⅰ前段）。54条1項前段にいう「1個の行為」とは，法的評価を離れ構成要件的観点を捨象した自然的観察の下で，行為者の動態が社会的見解上1個のものとの評価を受ける場合をいう（最大判昭49.5.29）。

3.　「犯罪の手段若しくは結果である行為が他の罪名に触れるとき」（54Ⅰ後段）。牽連性は抽象的かつ具体的に把握する（数罪間にその罪質上通例他方の手段又は結果となる関係があり，しかも具体的に犯人がかかる関係においてその数罪を実行したことが必要となる。最大判昭24.12.21，最大判昭44.6.18）。

4.　1個の構成要件において同一の法益侵害に向けられた数個の行為態様が規定され，それらが相互に手段・目的又は原因・結果の関係にある場合，各行為が行為者の1個の犯意の実現行為とみられるときは，1回の構成要件的評価を受け包括して一罪が成立する。

第2編　刑法各論

1　個人的法益に関する罪

□ / □ / □ /　**1.**　**A**　殺人罪（199）の構成要件について説明しなさい。

□ / □ / □ /　**2.**　**B**　殺人罪（199）における「人」の意義について説明しなさい。

□ / □ / □ /　**3.**　**A**　自殺関与罪（202前段）の構成要件について説明しなさい。

□ / □ / □ /　**4.**　**B**　自殺関与罪（202前段）における「人」の意義について説明しなさい。

□ / □ / □ /　**5.**　**A**　同意殺人罪（202後段）の構成要件について説明しなさい。

□ / □ / □ /　**6.**　**B**　同意殺人罪（202後段）における「嘱託」及び「承諾」の意義について説明しなさい。

□ / □ / □ /　**7.**　**B**　自殺関与罪（202前段）の処罰根拠について説明しなさい。

□ / □ / □ /　**8.**　**B**　同意殺人罪（202後段）の処罰根拠（減軽根拠）について説明しなさい。

1　個人的法益に関する罪

1.　① 「人を」，
　　② 「殺したこと」である。

2.　自然人に限り，胎児は含まない。なお，身体が母体から一部でも露出したときに「人」になる（一部露出説）。

3.　① 「人を」，
　　② 「教唆し若しくは幇助して自殺させ」たことである。

4.　「人」は，自殺の意味を理解し，自由な意思決定の能力を有する者に限られる（大判昭9.8.27，最決昭27.2.21）。

5.　① 「人を」，
　　② 「その嘱託を受け若しくはその承諾を得て殺した」ことである。

6.　「嘱託」とは被殺者がその殺害を依頼することをいい，「承諾」とは被殺者がその殺害の申込みに同意することをいう。

7.　生命に対する自己決定権が尊重されるため，自殺は，違法性が阻却され，犯罪にはならないと考えるべきであるから（違法性阻却説），自殺関与罪は共犯の特別の類型とはいえない。他方，生命は本人だけが左右し得るため，他人の自殺への関与は生命への干渉として可罰性がある。そこで，自殺関与罪は独立の犯罪類型であると考えるべきである。

8.　法益の主体である被殺者本人が自由な意思決定に基づいて生命を放棄している以上，法益侵害の程度は普通殺人罪より小さいから，違法性が減少する。

		9.	**B**	自殺関与罪（202前段）「の実行の着手時期について説明しなさい。

		10.	**B**	殺害行為時に嘱託・承諾があったのにそれがなかったと誤信して行為した場合，殺人罪（199）が成立するかについて説明しなさい。

		11.	**B**	殺害行為の嘱託が存在したにもかかわらず，それを認識することなく，暴行又は傷害の故意で暴行し，被害者を死亡させた場合の処理について説明しなさい。

		12.	**A**	暴行罪（208）の構成要件について説明しなさい。

		13.	**A**	暴行罪（208）の構成要件のうち，「暴行」の意義について説明しなさい。

		14.	**A**	傷害罪（204）の構成要件について説明しなさい。

		15.	**A**	傷害罪（204）における「傷害」の意義について，説明しなさい。

		16.	**A**	暴行の結果人に傷害結果が発生したが，暴行をする故意しかない（傷害結果を認識していない）場合の処理について説明しなさい。

9. 自殺関与罪の実行の着手時期を教唆・幇助の結果，自殺行為が開始された時点とする説＝本罪の保護法益が人の生命であること，及び本罪に併記されている同意殺人罪における実行の着手時期との均衡を理由とする。

　自殺関与罪の実行の着手時期を行為者が教唆・幇助行為に着手した時とする説＝自殺関与罪を独立の犯罪類型と捉える説からは，関与行為こそが実行行為であると解するのが自然であることを理由とする。

10. 同意殺人罪説＝被害者の意思に反して生命を奪う危険性が存在しない以上，普通殺に向けての客観的な実行行為性が認められないため，殺人の故意で同意殺人の結果を実現した場合として処理するべきである（法定的符合説）。

　殺人未遂罪説＝殺人の実行行為性はあるが，殺人の結果（意思に反する被害者の死）が発生していない場合である。

11. 202条後段は，殺意がない場合を含まないから，嘱託殺人罪（202後段）ではなく，傷害致死罪（205）が成立する（札幌高判平25.7.11）。なお，法定刑の不均衡の点は，被害者による殺害の嘱託の存在を被告人に有利な事情として斟酌し酌量減軽を認める（ただし，下限は1年6月までしか下げることはできない）。

12. ①「暴行を加えた者が」
　②「人を傷害するに至らなかった」ことである。

13. 人の身体に向けられた不法な有形力の行使をいう。

14. 「人の身体を傷害した」ことである。

15. 人の生理的機能を害することをいう。

16. 208条の文言及び傷害と暴行の故意を明確に区別するのは不可能に近いことから，傷害罪を暴行の結果的加重犯と故意犯の複合形態であると捉える。そのため，傷害罪が成立する（最判昭22.12.15）。

		17.	B	甲工場が有毒な廃液を海に排出し，これにより汚染された魚を食べた母親から，公害病に罹患した子Aが出生した。甲に業務上過失致傷罪（211）が成立するかについて説明しなさい。

		18.	A	傷害致死罪（205）の構成要件について説明しなさい。

		19.	A	過失傷害罪（209 I）の構成要件について説明しなさい。

		20.	A	過失致死罪（210）の構成要件について説明しなさい。

		21.	A	業務上過失致死傷罪（211前段）の構成要件について説明しなさい。

		22.	B	業務上過失致死傷罪（211前段）における「業務」の意義について説明しなさい。

		23.	B	遺棄の罪の保護法益及び法的性質について説明しなさい。

		24.	A	単純遺棄罪（217）の構成要件について説明しなさい。

17.　　胎児は生まれるまで「人」ではないが，母体の一部と考えることができる。そうすると，胎児への攻撃は，母体という人に対する傷害といえる。その上で，生まれた子という人に傷害結果が発生するのであるから，一種の具体的事実の錯誤の問題となり，法定的符合説から，業務上過失傷害罪の成立を認めることができる（最決昭63.2.29）。

18.　　① 「人の身体を傷害した」こと，
　　　　② 「よって人を死亡させた」ことである。

19.　　① 「過失により」，
　　　　② 「人を傷害した」ことである。

20.　　① 「過失により」，
　　　　② 「人を死亡させた」ことである。

21.　　① 「業務上」，
　　　　② 「必要な注意を怠り」，
　　　　③ 「よって人を死傷させた」ことである。

22.　　「業務」とは，社会生活上の地位に基づき反復継続して行う事務（職業等でなくてもよい）であるが，他人の生命・身体に危害を加えるおそれがあるものに限定される（最判昭33.4.18，最決昭60.10.21）。

23.　　保護法益＝生命身体の安全（判例・通説）
　　　　法的性質＝抽象的危険犯（大判大4.5.21）

24.　　① 「老年，幼年，身体障害又は疾病のために扶助を必要とする者」を，
　　　　② 「遺棄した」ことである。

□ ／ □ ／ □ ／	**25.**	**A**	保護責任者遺棄罪（218前段）の構成要件について説明しなさい。

□ ／ □ ／ □ ／	**26.**	**A**	単純遺棄罪（217）又は保護責任者遺棄罪（218前段）における「遺棄」の意義について説明しなさい。

□ ／ □ ／ □ ／	**27.**	**B**	保護責任者遺棄罪（218前段）と不作為殺人罪の区別について説明しなさい。

□ ／ □ ／ □ ／	**28.**	**B**	保護責任者遺棄罪(218前段)と保護責任者不保護罪(218後段）が真正身分犯か不真正身分犯かについて説明しなさい。

□ ／ □ ／ □ ／	**29.**	**A**	逮捕監禁罪（220）の構成要件について説明しなさい。

□ ／ □ ／ □ ／	**30.**	**B**	逮捕監禁罪（220）の保護法益について説明しなさい。

□ ／ □ ／ □ ／	**31.**	**B**	逮捕監禁罪（220）における「逮捕」,「監禁」の意義について説明しなさい。

□ ／ □ ／ □ ／	**32.**	**B**	脅迫罪（222）の保護法益及び法的性質について説明しなさい。

□ ／ □ ／ □ ／	**33.**	**A**	脅迫罪（222）の構成要件について説明しなさい。

1
個人的法益に関する罪

25.　① 「老年者，幼年者，身体障害者又は病者」を，
　　　　② 「保護する責任のある者」が，
　　　　③ 「これらの者を遺棄」することである。

26.　217条には保護義務が規定されておらず，不作為の遺棄行為を基礎付ける作為義務が要求されていないので，不作為は処罰しない趣旨である。したがって，217条の「遺棄」は狭義の遺棄（作為形態である移置のみ）を指し，218条の「遺棄」が広義の遺棄（移置及び不作為形態である置き去りを含む）を指す。

27.　作為義務（判例・通説からは保護責任と同義）は同質であるから，故意の有無（殺意の有無）で区別する（大判大4.2.10）。

28.　判例・通説は，保護責任者遺棄罪（218前段）を不真正（加減的）身分犯，保護責任者不保護罪（218後段）を真正（構成的）身分犯と解している。

29.　① 「不法に」，
　　　　② 「人を」，
　　　　③ 「逮捕し，又は監禁した」ことである。

30.　現実的自由説＝逮捕監禁罪の保護法益は人の身体活動の自由（行動の自由）であるところ，行動の自由は，現実に場所的に移動しようとした際に，それを阻止されることによって侵害されるものである。
　　　　可能的自由説（判例？）＝身体活動の自由とは，行動したいときに行動する自由というべきであるから，行動の自由は必ずしも現実的にあることを必要とせず，その可能性があれば足りる。

31.　「逮捕」とは人の身体を直接拘束して，自由を奪うことをいい，「監禁」とは人の一定の区域からの脱出を不可能若しくは困難にすることをいう。

32.　保護法益＝個人の意思決定の自由及び意思活動の自由（通説）
　　　　法的性質＝抽象的危険犯（告知するだけで既遂となり，相手方が現実に畏怖する必要はないが（大判明43.11.15），相手方に到達して認識されたことは必要）

33.　① 親族ないし本人の「生命，身体，自由，名誉又は財産に対し」，
　　　　② 「害を加える旨を告知して」，
　　　　③ 「人を脅迫した」ことである。

□ / □ / □ /	**34.**	**B**	脅迫罪における「害」の内容について説明しなさい。
□ / □ / □ /	**35.**	**B**	未成年者略取・誘拐罪（224）の保護法益について説明しなさい。
□ / □ / □ /	**36.**	**A**	未成年者略取・誘拐罪（224）の構成要件について説明しなさい。
□ / □ / □ /	**37.**	**B**	未成年者略取・誘拐罪（224）における「略取」，「誘拐」の意義について説明しなさい。
□ / □ / □ /	**38.**	**B**	監護権者による未成年者略取・誘拐罪（224）の成否について説明しなさい。
□ / □ / □ /	**39.**	**A**	営利目的等略取・誘拐罪（225）の構成要件について説明しなさい。
□ / □ / □ /	**40.**	**B**	営利目的等略取・誘拐罪（225）における「営利」の「目的」について説明しなさい。
□ / □ / □ /	**41.**	**A**	身代金目的拐取・誘拐罪（225の2）の構成要件について説明しなさい。

34. 　告知される害悪の内容は，相手方の性質及び四囲の状況から判断して，一般に人を畏怖させるに足りる程度のものであることを要し，また，害悪は告知者の左右し得るものでなければならない。

35. 　被拐取者の自由及び親権者等の保護監督権（監護権）（大判明43.9.30）。したがって，監護権者が存在しない場合でも本罪は成立し得るし，監護権者の同意がある場合でも本罪が成立し得るし，監護権者も本罪の主体となり得るし，被害者本人の同意がある場合でも本罪が成立し得る。

36. 　① 「未成年者を」，
　　② 「略取し，又は誘拐した」ことである。

37. 　他人を不法にその保護されている生活環境から離脱させて，行為者自身又は第三者の実力的支配内に移す行為をいう。「略取」は暴行又は脅迫を手段とし，「誘拐」は欺罔又は誘惑を手段とする場合を指す。

38. 　本罪の保護法益は，略取された者の自由及び保護監督権者の監護権であるから，本人の利益を害する限り，保護監督権者も主体となり得る。もっとも，行為無価値論からすれば，(a)親権者の下からその監護下の子を略取する行為が同児の監護養育上現に必要とされるような特段の事情があるときや，(b)親権の行使としては正当化できない場合でも，なお家族間における行為として社会通念上許容され得る枠内にとどまるときには，違法性が阻却される（最判平17.12.6）。

39. 　① 「営利，わいせつ，結婚又は生命若しくは身体に対する加害の目的で」，
　　② 「人を」，
　　③ 「略取し，又は誘拐した」ことである。

40. 　拐取行為によって，自ら財産上の利益を得，又は第三者に得させる目的をいい，被拐取者自身の負担によって利得しようとする場合に限らず，拐取行為に対して第三者から報酬として財産上の利益を得る目的も含まれる。

41. 　① 「近親者その他略取され又は誘拐された者の安否を憂慮する者の憂慮に乗じてその財物を交付させる目的で」，
　　② 「人を」，
　　③ 「略取し，又は誘拐した」ことである。

□ /	42.	B	身代金目的拐取・誘拐罪（225の2）における「安否を憂慮する者」の意義について説明しなさい。
□ /			
□ /			

□ /	43.	B	監禁罪（220）と略取・誘拐罪（224以下）の罪数関係について説明しなさい。
□ /			
□ /			

□ /	44.	B	性的自由に対する罪の保護法益について説明しなさい。
□ /			
□ /			

□ /	45.	A	強制わいせつ罪（176）の構成要件について説明しなさい。
□ /			
□ /			

□ /	46.	A	強制性交等罪（177）の構成要件について説明しなさい。
□ /			
□ /			

□ /	47.	B	強制わいせつ罪（176）及び強制性交等罪（177）における「暴行」，「脅迫」の意義について説明しなさい。
□ /			
□ /			

□ /	48.	B	強制わいせつ罪（176）における主観的要素の要否について説明しなさい。
□ /			
□ /			

42. 被拐取者との密接な人的関係があるため，被拐取者の安全について親身になって憂慮するのが社会通念上当然とみられる特別な関係にある者をいい（最決昭62.3.24），原則として，被拐取者の自由又は保護状態を回復するために，いかなる財産的な犠牲をもいとわないと通常考えられる程度の特別な人的関係が必要である。

43. 監禁罪とは併合罪関係になる（身代金目的誘拐の事案について，最決昭58.9.27）。

44. 人格的自由の一種としての性的自由をいう（条文上は，社会的法益に対する罪の中に位置付けられているが，個人的法益に対する罪であると解されている）。

45. ①「13歳以上の者に対し」，②「暴行又は脅迫を用いて」，③「わいせつな行為をした」こと，又は①「13歳未満の者に対し」，②「わいせつな行為をした」ことである。

46. ①「暴行又は脅迫を用いて」，②「13歳以上の者に対し」，③「性交，肛門性交又は口腔性交（以下性交等）をした」こと，又は①「13歳未満の者に対し」，②「性交等をした」ことである。

47. 暴行・脅迫は，被害者の反抗を著しく困難ならしめる程度のものであることを要する（最判昭24.5.10）。

48. 近年の刑法改正の動向（対象行為の拡大，厳罰化等）からすれば，強制わいせつ罪の成立要件の解釈をするに当たっては，被害者の受けた性的な被害の有無やその内容，程度にこそ目を向けるべきであって，性的意図を本罪の一般的な主観的要件とすることはできない。

もっとも，行為そのものが持つ性的性質が明確で，当然に性的な意味があると認められるため，直ちにわいせつな行為と評価できる行為だけでなく，性的性質が不明確で，具体的事情を考慮しなければ性的な意味があるかを評価し難い行為もあり，さらに性的な意味を帯びているとみられる行為にも，処罰に値すると評価すべきものとそうでないものとがあることから，事案によっては，行為の性的な意味の有無や程度を判断する際に，具体的事情の1つとして，行為者の目的等の主観的事情を考慮すべき場合があり得る（最大判平29.11.29）。

□ / □ / □ /	**49.**	**B**	強制性交等致死傷罪（181）における死傷結果に故意ある場合の処理について説明しなさい。

□ / □ / □ /	**50.**	**A**	住居侵入罪及び建造物侵入罪（130前段）の構成要件について説明しなさい。

□ / □ / □ /	**51.**	**B**	住居侵入罪（130前段）における「正当な理由がないのに」の意義について説明しなさい。

□ / □ / □ /	**52.**	**A**	住居侵入罪（130前段）の保護法益について，説明しなさい。

□ / □ / □ /	**53.**	**A**	住居侵入罪（130前段）における「侵入」の意義について説明しなさい。

□ / □ / □ /	**54.**	**B**	死者に居住権が認められるか説明しなさい。

□ / □ / □ /	**55.**	**B**	一般に公開された建造物に違法目的（ex. 窃盗目的）で立ち入った場合，「侵入」（130前段）に当たるかについて説明しなさい。

□ / □ / □ /	**56.**	**B**	夫の不在中に妻の愛人が住居に立ち入った場合，「侵入」（130前段）に当たるかについて説明しなさい。

49. 本条には死傷の結果に故意ある場合を含まないから，傷害の故意ある場合には強制性交等致傷罪と傷害罪，殺意がある場合には強制性交等致死罪と殺人罪の観念的競合が成立する（大判大4.12.11，最判昭31.10.25）。

50. （住居侵入罪）
① 「正当な理由がないのに」，
② 「人の住居」に，
③ 「侵入した」ことである。
（建造物侵入罪）
① 「正当な理由がないのに」，
② 「人の看守する」「建造物」に，
③ 「侵入した」ことである。

51. 「違法に」という意味であって，単に修飾語として用いられたものにすぎない。

52. 住居侵入罪のもつ個人的法益に対する罪としての性格を徹底させるべきであるから，住居に誰を立ち入らせ誰の滞在を許すかを決める自由が保護法益であると解する（新住居権説，最判昭58.4.8）。

53. 新住居権説からは，管理権者の意思に反する立入りをいう。

54. 被害者を殺害した者との関係では，死亡直後の住居権も保護に値するから，その限度で肯定する。

55. 新住居権説からは，住居権者，管理権者が予め立入り拒否の意思を積極的に明示していない場合であっても，当該建造物の性質，使用目的，管理状況，管理権者の態度，立入りの目的などからみて，現に行われた立入り行為を管理権者が容認していないと合理的に判断されるときは，「侵入」に当たるというべきである。

56. A説＝全員の同意がなければ「侵入」に当たる。
B説＝住居権者相互間では，個々の住居権は保護されていないから，1人の同意があれば「侵入」には当たらない。

| □ / | 57. | **B** | 名誉毀損罪（230）の保護法益及び法的性格について説明しなさい。 |
| □ / |
| □ / |

| □ / | 58. | **A** | 名誉棄損罪（230）の構成要件について説明しなさい。 |
| □ / |
| □ / |

| □ / | 59. | **B** | 名誉毀損罪（230）における「公然」の意義について説明しなさい。 |
| □ / |
| □ / |

| □ / | 60. | **B** | 名誉毀損罪（230）における「事実」の意義について説明しなさい。 |
| □ / |
| □ / |

| □ / | 61. | **B** | 名誉毀損罪（230）における「摘示」の意義について説明しなさい。 |
| □ / |
| □ / |

| □ / | 62. | **B** | 名誉毀損罪（230）における「人」の意義について説明しなさい。 |
| □ / |
| □ / |

| □ / | 63. | **B** | 名誉毀損罪（230）における「名誉を毀損」の意義について説明しなさい。 |
| □ / |
| □ / |

| □ / | 64. | **B** | 私人の私行に関して事実の公共性が認められるかについて説明しなさい。 |
| □ / |
| □ / |

57. 保護法益＝外部的名誉（社会が与える評価）
法的性格＝抽象的危険犯

---

58. （230Ⅰ）
① 「公然と」，
② 「事実を適示し」，
③ 「人の名誉を」，
④ 「毀損した」ことである。
（230Ⅱ）
① 「死者の名誉を毀損した」，
② 「虚偽の事実を適示することによってした場合」である。

---

59. 不特定又は多数人が認識し得る状態をいう（大判昭3.12.13）。

---

60. 公知性，真実性は問わない（「その事実の有無にかかわらず」（230Ⅰ））が，人の社会的評価を直接又は間接に低下させる具体的事実でなければならない。
cf. 死者の名誉→「虚偽の事実を摘示」しなければ罰せられない（230Ⅱ）。

---

61. 示せばよい（他人が知る必要はない，抽象的危険犯，大判昭13.2.28）。

---

62. 法人，権利能力なき社団も含むが，被害者は特定したものであることを要する。

---

63. 事実を摘示して人の社会的評価の害される危険を生じさせること（他の要件が満たされれば，通常，被害者の名誉は毀損され，既遂に達する）をいう。

---

64. 私人の私生活上の行状にあっても，そのたずさわる社会的活動の性質及びこれを通じて社会に及ぼす影響力の程度などのいかんによっては，その社会的活動に対する批判ないし評価の一資料として，「公共の利害に関する事実」に当たる場合がある（最判昭56.4.16）。

| | | 65. | **B** | 230条の2の法的性格について説明しなさい。 |

| | | 66. | **B** | 真実性の証明に錯誤がある場合の処理について説明しなさい。 |

| | | 67. | **A** | 名誉毀損罪（230）と侮辱罪（231）の区別基準について説明しなさい。 |

| | | 68. | **B** | 信用及び業務に対する罪の保護法益及び法的性格について説明しなさい。 |

| | | 69. | **A** | 信用毀損罪（233前段）の構成要件について説明しなさい。 |

| | | 70. | **B** | 信用毀損罪（233前段）における「信用」の意義について説明しなさい。 |

| | | 71. | **A** | 偽計業務妨害罪（233後段）の構成要件について説明しなさい。 |

| | | 72. | **B** | 偽計業務妨害罪（233後段）における「虚偽の風説を流布」の意義について説明しなさい。 |

65.　処罰阻却事由説＝230条の2が摘示事実が真実であることの立証責任を被告人
　　　に負わせていることからすれば，事実の真実性は犯罪の成否そのものにはかか
　　　わりがない処罰阻却事由と解すべきである。
　　　違法性阻却事由説＝憲法によって保障された表現の自由に基づく真実の公表は単
　　　に処罰を免れさせるばかりではなく積極的に正当な行為と評価されなければな
　　　らないから，違法性阻却事由と解される。

66.　処罰阻却事由説から＝確実な資料・根拠に基づいて事実を摘示した場合には，「正
　　　当…行為」（35）として違法性を阻却する。
　　　違法性阻却事由説から＝真実であると誤信し，その誤信したことについて，確実
　　　な資料，根拠に照らし相当の理由があるときは，犯罪の故意がない（最判昭
　　　44.6.25）。

67.　　幼児，感情のない法人も侮辱罪の客体というべきであるし，条文の文言（「事実
　　　を摘示しなくても」）からも，事実の摘示の有無で区別すべきである（最決昭
　　　58.11.1）。したがって，事実を摘示した場合には名誉毀損罪，事実を摘示しない
　　　場合には侮辱罪が成立する。

68.　保護法益＝経済的活動の自由（信用毀損罪），社会的活動の自由（業務妨害罪）。
　　　法的性格＝判例は危険犯（信用毀損罪について大判大2.1.27，業務妨害罪につ
　　　いて最判昭28.1.30）とするが，学説は侵害犯とするものが多い。

69.　①「虚偽の風説を流布し，又は偽計を用いて」，
　　　②「人の信用を」，
　　　③「毀損し」たことである。

70.　　信用とは，資力等に限定せず，経済的側面における人の評価一般をいう（最判平
　　　15.3.11）。

71.　①「虚偽の風説を流布し，又は偽計を用いて」，
　　　②「その業務を妨害した」ことである。

72.　　事実とは異なった噂を流すことをいう。

□ /	73.	B	偽計業務妨害罪（233後段）における「偽計」の意義について説明しなさい。
□ /			
□ /			

□ /	74.	A	威力業務妨害罪（234）の構成要件について説明しなさい。
□ /			
□ /			

□ /	75.	B	威力業務妨害罪（234）における「威力」の意義について説明しなさい。
□ /			
□ /			

□ /	76.	B	業務妨害罪における偽計と威力の区別について説明しなさい。
□ /			
□ /			

□ /	77.	A	業務妨害罪における「業務」の意義について，説明しなさい。
□ /			
□ /			

□ /	78.	A	公務執行妨害罪（95）・業務妨害罪における業務と公務の区別について説明しなさい。
□ /			
□ /			

□ /	79.	B	財産に対する罪における客体について説明しなさい。
□ /			
□ /			

□ /	80.	B	禁制品又は法禁物（法令上私人による所有・占有が禁止されている物）の財物性について説明しなさい。
□ /			
□ /			

□ /	81.	B	情報の財物性について説明しなさい。
□ /			
□ /			

73.　人を欺罔，誘惑し，あるいは他人の錯誤又は不知を利用する違法な行為をいう。

74.　①「威力を用いて」，
②「人の業務を妨害した」ことである。

75.　人の意思を制圧するに足りる勢力を用いること。ただし，必ずしも直接現に業務に従事している他人に対して行使されることを要しない（最判昭32.2.21）。

76.　判例は，犯行が隠密に行われたか公然と行われたかによって区別していると考えられる（大判大3.12.3，大判昭12.2.27参照）。

77.　社会生活を維持する上で，反復継続して従事する仕事（大判大10.10.24）。違法な業務であっても，「業務」に当たり得る（最決平14.9.30参照）。

78.　自力執行力を有する権力的公務は，これに対する抵抗を排除することが必ずしも容易でない暴行・脅迫からのみ保護されれば足り，その程度に至らない偽計・威力による妨害行為に対してまでこれを保護する必要はない。したがって，非権力的公務（強制力を行使しない公務）のみ「業務」に当たる（最大判昭41.11.30，最決昭62.3.12，最決平12.2.17，最決平14.9.30等）。なお，権力性（強制力の有無）は当該事案に応じて具体的に認定する。

79.　①他人の物（財物），②財産上の利益

80.　禁制品も，その没収には一定の手続を必要とするから，法律上の没収手続によらなければ没収されないという限度で，財物性を肯定すべきである（最判昭24.2.15，最決昭55.2.29）。

81.　情報そのものは財物ではない。しかし，媒体自体の経済的価値が非常に低廉であっても，情報が化体されていることによって有体物たる媒体の価値は上昇するから，当該媒体そのものは財物に当たる（東京地判平9.12.5等）。

□　／　 □　／　 □　／	**82.**	**B**	財産犯の保護法益（242条の「他人が占有」の読み方）について説明しなさい。

□　／　 □　／　 □　／	**83.**	**A**	占有の有無の判断方法について説明しなさい。

□　／　 □　／　 □　／	**84.**	**A**	死者の占有は認められるかについて説明しなさい。

□　／　 □　／　 □　／	**85.**	**B**	上下主従間の占有に関して，売場（店主はA）の店員甲が売場の物を領得した場合，窃盗罪（235）と横領罪（252）のいずれが成立するかについて説明しなさい。

□　／　 □　／　 □　／	**86.**	**B**	共同占有の場合の窃盗罪（235）の成否について説明しなさい。

□　／　 □　／　 □　／	**87.**	**B**	封緘物の占有は誰に帰属するかについて説明しなさい。

82.　本権説＝所有権その他の本権（242条の「他人が占有」を賃借権等の権原に基づくものに限ると読む）

占有説（所持説）＝占有そのもの（242条の「他人が占有」に限定を加えない）

中間説

　①修正本権説＝合理的理由のある占有（242条の「他人が占有」に一応の合理的理由があることを要求する）

　②平穏な占有説＝平穏な占有（242条の「他人が占有」が安定した平穏なものであることを要求する）

　③占有説に立ちながら，違法性阻却の可能性を認める説（最決平元.7.7等参照）＝所持者の事実上の占有の内容，回復者の権利利益の内容，占有回復の手段等を考慮する。

83.　占有とは，「人が物を実力的に支配する関係」（最判昭32.11.8。なお，「必ずしも物の現実の所持又は監視を必要とするものではなく，物が占有者の支配力の及ぶ場所に存在するを以て足りる」とされていることには注意）であって，占有の事実と占有の意思の両面からなる（通説）。

　もっとも，支配の態様は物の形状その他の具体的事情によって一様ではないため，占有の有無は社会通念によって決するほかはない。具体的には，財物との場所的時間的近接性，場所の開放性，占有者の意思等の諸要素を総合的に考慮すべきである（公衆が自由に出入りする場所に置き忘れた事案の場合には，行為の時点における被害者と財物との場所的時間的離隔が第1次的に重要視されるべき，最決平16.8.25）。

84.　死者には占有の事実も占有の意思も認められないが，被害者の生前の占有を保護する必要がある。そこで，死者の占有は否定するが，殺害から財物奪取までの一連の行為を全体的に観察し，生前の占有を侵害していると評価できる場合には，窃盗罪が成立すると解する（最判昭41.4.8）。

85.　下位者は，現実に財物を握持し，又は事実上の支配を有していても，原則として単なる監視者・占有補助者にすぎない。したがって，原則として窃盗罪が成立するが，上位者である店主との間に高度の信頼関係があり，その現実に支配している財物についてのある程度の処分権が委ねられている場合には，横領罪が成立する。

86.　対等な立場にある複数の者が物を共同で管理している場合，1人が他の管理者の同意を得ないで自己単独の占有に移した場合は，窃盗罪が成立する（大判大8.4.5，最判昭25.6.6）。

　cf. 共有物を1人で保管している者が勝手に処分した場合は，横領罪が成立する。

87.　受託者は封緘によって，中身を披見できないため，内容についての事実上の支配は委託者にあるとせざるを得ない。よって，封緘物全体の占有は受託者，中身は委託者に占有がある（最決昭32.4.25，東京高判昭59.10.30）。

□ /	**88.**	**A**	不法領得の要否及び内容について説明しなさい。

□ /	**89.**	**A**	窃盗罪（235）の構成要件について説明しなさい。

□ /	**90.**	**B**	窃盗罪（235）における「窃取」の意義について説明しなさい。

□ /	**91.**	**B**	不動産侵奪罪（235の2）における「侵奪」の意義について説明しなさい。

□ /	**92.**	**B**	親族相盗例（244）の法的性質について説明しなさい。

□ /	**93.**	**A**	親族相盗例（244，251，255）の要件について説明しなさい。

□ /	**94.**	**B**	親族相盗例（244）における親族関係は誰と誰との間に必要かについて説明しなさい。

□ /	**95.**	**B**	親族関係について錯誤がある場合の処理について説明しなさい。

□ /	**96.**	**A**	強盗罪（236 I）の構成要件について説明しなさい。

1

個人的法益に関する罪

88.　　不可罰な一時使用との区別，毀棄罪との区別をする必要があることから，主観的超過要素としての不法領得の意思を肯定し，その内容として，①権利者を排除して他人の物を自己の所有物として（権利者排除意思），②その経済的用法に従いこれを利用若しくは処分する意思（利用処分意思）が必要と解する（大判大4.5.21）。

89.　　①「他人の財物」，
　　　②「窃取した」
　　　③不法領得の意思である。

90.　　占有者の意思に反して財物に対する占有者の占有を排除し，目的物を自己又は第三者の占有に移すことをいう。

91.　　他人の占有を排除し自己，第三者の占有を設定することをいう。

92.　　一身的（人的）処罰阻却事由説（政策説）＝行為そのものは構成要件に該当し違法有責であるが，親族という身分のために，特に処罰のみが阻却されるにすぎない（「法は家庭に入らず」）。

93.　　①「配偶者，直系血族又は同居の親族との間で」，
　　　②窃盗罪，不動産侵奪罪，詐欺罪，恐喝罪，横領罪，背任罪「又はこれらの罪の未遂罪を犯した」ことである。

94.　　一身的処罰阻却事由説からは，法は家庭に入らずという法の趣旨は，他人を巻き込んだ場合には妥当しない。また，窃盗罪の保護法益は，所有権と占有権である。そこで，所有者・占有者・犯人全員との間で必要となる。

95.　　一身的処罰阻却事由説からは，親族関係に関する事実は故意の対象ではないから，故意は阻却されない。

96.　　①「暴行又は脅迫を用いて」，
　　　②「他人の財物を」，
　　　③「強取した」ことである。

□ / □ / □ /	**97.** **B**	強盗罪（236Ⅰ）における「暴行又は脅迫」の意義について説明しなさい。

□ / □ / □ /	**98.** **A**	強盗罪（236Ⅰ）における「暴行又は脅迫」の判断基準について説明しなさい。

□ / □ / □ /	**99.** **B**	強盗罪（236Ⅰ）における「強取」の意義について説明しなさい。

□ / □ / □ /	**100.** **A**	暴行・脅迫を加えて被害者の反抗が抑圧された後の段階で，はじめて財物奪取の意思を生じ，奪取行為に及んだ場合，強盗罪（236Ⅰ）は成立するかについて説明しなさい。

□ / □ / □ /	**101.** **A**	強盗利得罪（236Ⅱ）の構成要件について説明しなさい。

□ / □ / □ /	**102.** **B**	民事法上不法な利益が「財産上…の利益」（236Ⅱ）に当たるかについて説明しなさい。

□ / □ / □ /	**103.** **B**	利益移転が間接的な利益（会社の経営権を獲得する目的で，被害者を殺害した場合（神戸地判平17.4.26参照），相続目的で被害者を殺害した場合（東京高判平元.2.27参照）等も「財産上の…利益」（236Ⅱ）に当たるかについて説明しなさい。

97.　　財物奪取に向けられた，相手方の反抗を抑圧する程度の強度の不法な有形力の行使又は害悪の告知をいう。ただし，財物奪取の目的遂行の障害となり得る者に対して加えられれば足り，必ずしも財物を所持する者に加えられる必要はない（最判昭22.11.26）。

98.　　これは構成要件該当性の問題であるから，社会通念によって一般的・客観的に判断されるべきである（客観説。最判昭23.11.18，最判昭24.2.8）。具体的には，具体的状況に即して，行為者及び被害者の人数，年齢，性別，性格，体格などから，犯行の時刻，場所，暴行・脅迫自体の態様，凶器使用の有無及びその種類・用法などのような各種の事情を総合的に考慮する。

99.　　①暴行・脅迫により，②相手方の反抗を抑圧し，③その意思によらずに財物を自己又は第三者の占有に移すこと（暴行・脅迫，反抗抑圧，財物奪取・利益移転との間に因果関係が必要）をいう。

100.　　強盗罪は相手方の反抗を抑圧するに足りる暴行・脅迫を手段として，財物を奪取する犯罪であるから，その暴行・脅迫は財物奪取に向けられたものでなければならない。したがって，暴行罪又は脅迫罪と窃盗罪（併合罪となる）が成立するのが原則である。
　　もっとも，新たな暴行・脅迫があり，これを強盗罪の実行行為としての暴行・脅迫と評価することができる場合には，強盗罪が成立する。そして，この場合，被害者が既に反抗抑圧されているため，軽度の暴行・脅迫であっても，反抗抑圧されるから，暴行・脅迫は自己の先行行為によって作出した反抗抑圧状態を継続・促進させるに足りる暴行・脅迫があれば十分である（大阪高判平元.3.3）。

101.　　①「暴行又は脅迫を用いて」，
　　②「財産上不法の利益を」，
　　③「得，又は他人にこれを得させた」ことである。

102.　　民事法的には法的保護に値する利益がない場合であっても，不法な手段によって財産法秩序を乱す行為を容認することは，私人の正当な権利・利益の実現を不能ならしめることになるから，「財産上の…利益」に当たる（最決昭61.11.18）。

103.　　1項強盗との均衡から，利益の取得が財物の占有移転と同視できるだけのものでなければならず，利益を取得したといえるためには，具体的・直接的な利益を現実に取得したといえなければならない。したがって，「財産上の…利益」には当たらない（神戸地判平17.4.26，東京高判平元.2.27）。

☐ /	**104.**	**B**	強盗利得罪（236Ⅱ）における処分行為の要否について
☐ /			説明しなさい。
☐ /			

☐ /	**105.**	**A**	事後強盗罪（238）の構成要件について説明しなさい。
☐ /			
☐ /			

☐ /	**106.**	**B**	事後強盗罪（238）における「窃盗」の意義について説
☐ /			明しなさい。
☐ /			

☐ /	**107.**	**B**	事後強盗罪（238）における「暴行又は脅迫」の意義に
☐ /			ついて説明しなさい。
☐ /			

☐ /	**108.**	**B**	事後強盗罪（238）を強盗罪として扱う趣旨について説
☐ /			明しなさい。
☐ /			

☐ /	**109.**	**B**	事後強盗罪（238）における既遂・未遂の区別について
☐ /			説明しなさい。
☐ /			

104. 　強盗罪の本質は暴行・脅迫を手段として被害者の意思に基づかずに財物を奪取する（利益を移転させる）ものであることから（被害者の意思に基づく交付罪たる恐喝罪と異なる），処分行為は不要である（最判昭32.9.13）。

　　ただし，1項強盗との均衡を図り，利益移転時期を明確化する必要があるから，単に暴行・脅迫により一時的に債権者の追及を免れるというだけでは足りず，債権者による当該債務の履行の追及が事実上不可能若しくは著しく困難な状態になるという現実に財産上の利益を所得するとみられる事情が必要である。

　　cf. もう少し緩やかに解し，債権の行使を相当期間不可能ならしめることで足りるとする見解もある（大阪高判昭59.11.28）。

105. 　①「窃盗が」，
　　②「財物を得てこれを取り返されることを防ぎ，逮捕を免れ，又は罪跡を隠滅するために」，
　　③「暴行又は脅迫をした」ことである。

106. 　窃盗は既遂未遂問わない（大判昭7.12.12）。

107. 　事後強盗罪は「強盗として論」じられることから，反抗を抑圧するに足りるものである必要がある（大判昭19.2.8，福岡地判昭62.2.9等）。ただし，暴行・脅迫が加えられる「相手方」は，必ずしも窃盗の被害者であることを要しない（大判昭8.6.5）。また，必ずしも，被害者が実際に財物を取り戻す行為や逮捕する行為をしている場合に限られない（最判昭22.11.29）。

108. 　A説＝窃盗犯人が犯行終了後ないし着手後窃盗の意思を放棄して犯行現場を離れるに際してしばしば被害者等に暴行・脅迫を加えるという刑事学的実態に照らし，人身保護の要請がある（「窃盗」は既遂犯人に限定しない立場，既遂・未遂は暴行・脅迫を基準とする立場，法的性格は身分犯説につながりやすい）。
　　B説＝窃盗犯人が財物を得た後，これを確保するために暴行・脅迫を加える場合は，実質的にみて暴行・脅迫によって財物を得たと評価することができるため，そのような実態に着目した（「窃盗」は既遂犯人に限る立場，既遂・未遂は結果的に財物を取得したか否かによって決する立場，法的性格は結合犯説につながりやすい）。

109. 　通常の強盗罪の既遂・未遂の判断基準は，財産取得の有無によって決せられるため，これに準ずる事後強盗罪のそれもやはり強盗の場合と同様でなければならない。したがって，窃盗の既遂未遂によって決する（最判昭24.7.9（未遂），大判昭7.6.9（既遂））。

	/		**110.**	**B**	窃盗の目的で財物の占有を取得したが（既遂），その占有を確保する以前に暴行・脅迫を行った場合の処理について説明しなさい。
	/				
	/				

	/		**111.**	**B**	窃盗既遂の後に，強盗の犯意で暴行・脅迫を行ったが，新たな財物奪取に失敗した場合の処理について説明しなさい。
	/				
	/				

	/		**112.**	**A**	窃盗と暴行との間にどの程度の関連性があれば，事後強盗罪（238）の成立を認めてよいかについて説明しなさい。
	/				
	/				

	/		**113.**	**B**	事後強盗罪（238）に予備罪が成立するかについて説明しなさい。
	/				
	/				

	/		**114.**	**B**	窃盗犯人たる甲が，被害者Aから財物を取り戻されそうになったため，これを防ごうとして，たまたまそこを通りかかった乙に事情を話し，事情を了解した乙と共同してAに暴行を加えたという事例において，乙に事後強盗罪（238）の共同正犯（60）が成立するかについて説明しなさい。
	/				
	/				

	/		**115.**	**A**	強盗致死傷罪（240）の構成要件について説明しなさい。
	/				
	/				

	/		**116.**	**B**	強盗致傷罪（240前段）における「負傷」の範囲について説明しなさい。
	/				
	/				

110.　　1項強盗における暴行・脅迫は財物奪取の手段となっていなければならないが，占有取得が未完成な時期に，引き続き暴行・脅迫を行って占有を確保する場合には，かかる関係が認められる。したがって，1項強盗罪となる（最判昭24.2.15参照）。

111.　　強盗未遂説（大阪高判昭33.11.18，東京地判昭55.10.30）＝暴行・脅迫と全く因果性のない財物取得をもって強盗の既遂と認めるのは無理であるから，窃盗既遂と強盗未遂が成立し，窃盗既遂は強盗未遂に吸収される。
　　　強盗既遂説（広島高松江支判昭32.5.27，広島高判昭32.9.25）＝一度物を取ってその直後に暴行・脅迫が加えられているのであるから，全体として強盗既遂と評価すべきである。

112.　　窃盗と暴行・脅迫が密接に結び付いていなければ，強盗罪と実質的に同視するための基礎が欠ける。そこで，明文はないものの，暴行・脅迫は，窃盗の機会になされる必要がある。
　　　もっとも，窃盗犯人に対する追及が止んだ場合は，窃盗と暴行・脅迫との関連性が弱く，全体として観察したときに強盗と評価することが難しい。そこで，窃盗の機会に当たるか否かは，時間的場所的接着性などを基礎に，窃盗犯人に対する追及が継続していたか否か（追及可能性）で決すべきである。

113.　　事後強盗は強盗をもって論ずるものであり（238），強盗罪には予備処罰規定がある（237）から，成立する（最決昭54.11.19）。

114.　　事後強盗罪は，窃盗犯人という身分があってはじめて行為主体となり，犯罪を構成することができるのであるから，真正身分犯にほかならない（真正身分犯説，大阪高判昭62.7.17）。よって，65条1項により，事後強盗罪の共同正犯の罪責を負う。
　　　cf. 結合犯説＝事後強盗罪は，強盗罪の一変種であり，窃取行為と暴行・脅迫行為が一体となった結合犯であるとして，承継的共同正犯の問題として処理する。

115.　　①「強盗が」，
　　　②「人を負傷させた」又は「死亡させた」ことである。

116.　　傷害罪における「傷害」と別異に解する理由がないので，限定はない（非限定説，大判大4.5.24，最決平6.3.4等）。

□ / □ / □ /	**117.**	**A**	強盗致死傷罪（240）において，死傷結果が被害者の反抗を抑圧する手段としての暴行脅迫から直接生ずることを要するのかについて説明しなさい。

□ / □ / □ /	**118.**	**A**	強盗致死傷罪（240）において，死傷の結果について故意がある場合の処理について説明しなさい。

□ / □ / □ /	**119.**	**B**	強盗殺人罪（240後段）の未遂・既遂の区別について説明しなさい。

□ / □ / □ /	**120.**	**B**	強盗傷人罪（240前段）の未遂の成否について説明しなさい。

□ / □ / □ /	**121.**	**A**	詐欺罪（246）の構成要件について説明しなさい。

□ / □ / □ /	**122.**	**A**	恐喝罪（249）の構成要件について説明しなさい。

□ / □ / □ /	**123.**	**A**	詐欺罪（246），恐喝罪（249）の基本構造について説明しなさい。

117.　強盗の機会には，致死傷などの残虐な行為を伴うことが多く，それゆえに240条で特別類型としたものと考えられる。だとすれば，負傷の結果は直接生じたことを要せず，強盗の機会に生じたものであれば足りる（判例？最判昭24.5.28等）。ただし，処罰範囲の適正化のため，強盗行為と密接な関連性をもつ場合に限定すべきである。

118.　240条は，強盗の機会に人の殺傷という結果が伴うことが刑事学的に顕著であることから特に構成要件化されたものである。また，240条には「よって」という結果加重犯特有の文言が用いられていない。したがって，240条は結果的加重犯と故意犯の複合形態と見ることができるから，強盗殺人（強盗傷人）となる。

119.　240条は，人の死という結果が生じた場合に特に厳罰に処するものであるから，人の死亡結果が生じたかどうかで決すべきである（大判昭4.5.16，最判昭23.6.12）。

120.　一般に傷害の未遂は暴行と評価されているところ，その暴行はもともと強盗の手段なのであるから，既に強盗罪の中で評価されている。したがって，強盗傷人罪の未遂は成立しない。

121.　（1項詐欺）
①「人を欺いて」，
②「財物を」，
③「交付させた」，
（④財産上の損害）である。
（2項詐欺）
①「人を欺いて」，
②「財産上不法の利益を」，
③「得，又は他人にこれを得させた」，
（④財産上の損害）である。

122.　（1項恐喝）
①「人を恐喝して」，
②「財物を」，
③「交付させた」，
（④財産上の損害）である。
（2項恐喝）
①「人を恐喝して」
②「財産上不法の利益を」，
③「得，又は他人にこれを得させた」，
（④財産上の損害）である。

123.　①欺罔・恐喝行為→②錯誤・畏怖→③処分行為（交付行為）→④財物・利益の移転（→⑤財産上の損害の発生）の全てが因果的連鎖を有している必要がある（因果的連鎖がない場合には未遂となる）。

□ ／
□ ／　**124.** **A** 詐欺罪（246）における「人を欺」く行為の意義につい
□ ／　て説明しなさい。

□ ／
□ ／　**125.** **B** 詐欺罪（246Ⅰ）における「財物」の範囲について説明
□ ／　しなさい。

□ ／
□ ／　**126.** **B** 詐欺罪（246Ⅰ）における「交付」行為の意義について
□ ／　説明しなさい。

□ ／
□ ／　**127.** **B** 処分意思の内容として，少なくとも占有（財産上の利益）
□ ／　の移転を基礎付ける外形的事実を被害者が認識している
　　　ことが必要であるが，さらに進んで，被害者が自ら交付
　　　した財物や利益の内容・価値を正確に認識していること
　　　が必要かについて説明しなさい。

□ ／
□ ／　**128.** **B** 詐欺利得罪（246Ⅱ）における「財産上…の利益」の意
□ ／　義について説明しなさい。

□ ／
□ ／　**129.** **B** 移転性のある利益（情報・サービス等）が「財産上…
□ ／　の利益」（246Ⅱ）に当たるかについて説明しなさい。

124.　相手方の財産的処分行為に向けられた，相手方が財産的処分行為をするための判断の基礎となるような経済的に重要な事実を偽ること（相手方がその点に錯誤がなければ財産的処分行為をしなかったであろう経済的に重要な事実を偽ること）をいう。

125.　窃盗罪と異なり不動産も含まれる（大判明36.6.1，大判大11.12.15）。

126.　財物の占有（財産上の利益）を相手方に移転させることをいい，客観面としての財産を処分する事実（客観的処分行為＝直接性の要件）と，主観面の財産を処分する意思（主観的処分行為＝処分意思）からなる。
　　客観的処分行為（直接性の要件）については，被欺罔者が積極的に財物等を相手方に交付する必要はなく，相手方による持ち去りを容認している場合（不作為による処分行為）であっても足りるが，処分意思は必要（処分意思によって窃盗罪と詐欺罪が区別される）となる。
　　主観的処分行為（＝処分意思）については，目的物の所有権を移転する意思までは必要ないが，占有を弛緩させる意思だけでは足りず，少なくとも占有の移転（2項詐欺罪の場合には，財産上の利益の移転）を基礎付ける外形的事情を被害者が認識していることが必要となる。

127.　財物の占有・財産上の利益が被欺罔者の意思に基づいて相手方に移転したといえれば詐欺罪の成立を認めてよいと考えられることから，被欺罔者の認識が個々の財物・財産上の利益の移転についてまで及んでいる必要はない。

128.　財物以外の財産的利益一切をいい，債権・担保権の取得，労務の提供などの積極的利得のほか，債務免除や支払猶予を得るなどの消極的利得をも含む。

129.　情報やサービスが失われることは考えられないから，一般に「財産上…の利益」には当たらない。
　　もっとも，対価を支払うべき有償のサービスの場合，被害者が他の相手に対して有効にサービスを提供する機会を失った結果，行為者がサービスを不正に享受した関係が認められ，実質的に利益が移転しているといえるし，被害者には請求し得る料金の免脱という財産上の損害があり，行為者はサービスを不正に取得することによって，料金に対応する財産上の利益を取得したと観念する余地がある。したがって，対価を支払うべき有償のサービスについては，「財産上…の利益」に該当する。

□ / □ / □ /	**130.**	**B**	財物詐取を目的として欺罔行為を行い，被害者に財物交付の約束をさせた場合，「財産上…の利益を得」（246Ⅱ）たといえるかについて説明しなさい。

□ / □ / □ /	**131.**	**B**	債務履行の一時猶予を得た場合，「財産上…の利益を得」（246Ⅱ）たといえるかについて説明しなさい。

□ / □ / □ /	**132.**	**B**	国家的法益に対する詐欺罪（246）の成否について説明しなさい。

□ / □ / □ /	**133.**	**B**	印鑑証明書・旅券・自動車運転免許証の不正取得について詐欺罪（246）が成立するかについて説明しなさい（印鑑証明書について大判大12.7.14，旅券について最判昭27.12.25，自動車運転免許証について高松地丸亀支判昭38.9.16）。

□ / □ / □ /	**134.**	**B**	保険証書・健康保険被保険者証の不正取得について詐欺罪（246）が成立するかについて説明しなさい。

□ / □ / □ /	**135.**	**B**	脱税に詐欺罪（246）が成立するかについて説明しなさい。

□ / □ / □ /	**136.**	**B**	被欺罔者と財産上の被害者が異なる場合（三角詐欺），詐欺罪（246）が成立するかについて説明しなさい。

130.　「財産上…の利益を得」たというためには, 財物の移転と同視し得るだけの具体性・確実性が必要であるから, 引渡請求権の取得に独自の価値・意義があるような例外的場合を除き,「財産上…の利益を得」たとはいえない (大判大11.12.15)。

131.　「財産上…の利益を得」たというためには, 財物の移転と同視し得るだけの具体性・確実性が必要であるから, 債権の財産的価値が事実上減少したことが必要である (最判昭30.4.8)。

132.　詐欺罪の保護法益たる財産権は, 当然, 国家が主体である場合も含むのであり, たまたま国が被害者だからといって不成立とする理由はない。したがって, ①財物交付の具体的目的, ②財物の内容・性質, ③当該財物・利益の交付を保護する特別法の存否などの事情に着目しつつ, 個別具体的に詐欺罪の成否を決すべきである。

133.　財物性それ自体を否定する説=証明書類は証明手段にすぎず独立の財産的価値を有さないから, 詐欺罪の客体たる「財物」に当たらず, 詐欺罪は成立しない。財物性それ自体は肯定しつつ, 交付目的等を勘案する説=証明手段としての価値しかない財物を不正に取得しても, 交付者が経済的に重要な目的を達成できなくなるとはいえないこと, 157条2項が特定の証明書類について特に軽く処罰していることから,「人を欺」く行為が認められず, 詐欺罪は成立しない。

134.　交付者が何らかの経済的目的を達成しようとする場合であるため, 単なる証明手段にとどまらず, 重要な経済的利益を付与する書類といえるから, 詐欺罪が成立する (保険証書について最決平12.3.27, 健康保険被保険者証について最決平18.8.21)。

135.　各種税法の租税逋脱罪の規定が詐欺罪の特別法として適用されているため, 詐欺罪の適用が排除されるから, 成立しない (大判明44.5.25, 大判大4.10.28)。

136.　詐欺罪の本質は, 他人の瑕疵ある意思に基づいて財産を不法に所得することにあるため, 被害者の意思に基づいて財物を所得するという事実が必要で, かつ, それで足りる。したがって, 詐欺罪が成立するためには, 被欺罔者と財産上の被害者は異なってもよいが, 被欺罔者に財産上の被害者の財産を処分し得る権能又は地位が必要である (最判昭45.3.26)。

☐ / ☐ / ☐ /	**137.**	**B**	民事訴訟において，裁判所に対して虚偽の主張をなし，あるいは，虚偽の証拠を提出して，裁判所を欺き，自己に有利な判決を得，これに基づいて相手方から財物又は財産上の利益を取得した（訴訟詐欺）。この場合，①裁判所に対する欺く行為はあり得るか（弁論主義との関係），②誤判に基づいて勝訴者に財物を渡す行為が処分行為といえるか（敗訴者が瑕疵ある意思に基づいて財物等を交付したといえるか）について説明しなさい。

☐ / ☐ / ☐ /	**138.**	**B**	詐欺罪（246）の成立要件としての財産的損害の有無の判断基準について説明しなさい。

☐ / ☐ / ☐ /	**139.**	**B**	①注文時に支払意思がないにもかかわらず，酒食を注文し飲食したという事例，②酒食を飲食した後にお金がないことに気付き，代金を支払わずに逃走したという事例，③事例①において，代金を支払わずに逃走しようとしたところ，店員に呼び止められたので，暴行を加えて逃走したという事例の処理について説明しなさい。

137. ①裁判官が事実を誤認することはあり得るし，錯誤に陥ることは否定できないから，裁判所に対する欺く行為もあり得る（通説）。
②裁判所は判決によって，訴訟当事者の財産を処分する権限を有するから，そもそも，交付行為者は敗訴者でなく裁判所であり，処分行為は認められる（裁判所が被欺罔者兼処分行為者，敗訴者が財産上の被害者である詐欺罪（246）が成立する）（大判大3.5.12，大判大11.7.4，最判昭45.3.26参照・通説）。

138. 形式的個別財産説（個別財産喪失説）＝個別財産の喪失自体が損害である。
実質的個別財産説＝損害概念を実質的に把握し，被害者が達成できなかった目的が経済的に評価して損害といえるか（被害者が得ようとして得られなかったものが経済的に評価して損害といえるものかどうか）によって判断する。
目的不達成説＝実質的個別財産説は結局「被害者がいかなる点についてだまされたのか」を問題にするものであるから，「錯誤」の範囲，ひいては欺罔行為の内容を限定的に解すれば足り，そもそも詐欺罪の成立要件として明文にない「損害」概念を持ち出すことには疑問がある。

139. ①1項詐欺罪（挙動による欺罔行為，大判大9.5.8）
cf. その後代金を支払わずに逃走した場合であっても，1項詐欺罪一罪
②2項詐欺罪（ただし，処分行為（処分意思）の有無が問題となる）
③1項詐欺罪と2項強盗罪が成立し，包括一罪（最決昭61.11.18参照）

☐ ／
☐ ／　**140.** **B**　　A駅－B駅までの乗車券を購入した上でA駅改札口係
☐ ／　員にそれを示して駅構内に入場し，その後列車に乗車し
て，B駅，C駅を過ぎてD駅に至り，C駅－D駅間の定
期乗車券等をD駅改札口係員に示して出場し，B駅－C
駅間の運賃の支払を免れた（有人改札の事例）。この事例
において，詐欺罪（246）を肯定することができるか。肯
定することができるとした場合，どのような理由により
どの時点において成立するのかについて説明しなさい。

☐ ／
☐ ／　**141.** **B**　　甲はAからA名義のクレジットカードの使用を許諾さ
☐ ／　れて，同カードを使用して商品を購入したという事例に
おいて，「人を欺」く行為（246）は認められるかについ
て説明しなさい。

140.　詐欺罪肯定説

①乗車駅基準説＝キセル乗車目的で購入したＡ駅－Ｂ駅間の乗車券は無効であり，キセル乗車目的を秘してＡ駅改札口を通過する行為について，無効である乗車券を有効であると誤信して入構・乗車を許容したＡ駅改札口係員に対する欺罔行為を認めることができる。また，上記欺罔行為の結果，行為者をＤ駅まで運搬するという輸送の役務（＝「財産上の利益」）を提供したことが処分行為と認められる（その結果として輸送の役務という「財産上の利益」が移転している）。したがって，列車に乗車しＡ駅を出発した時点で既遂となる。

②下車駅基準説＝行為者がＣ駅－Ｄ駅間の定期乗車券等をＤ駅改札口係員に提示することによってあたかもＣ駅から乗車したかのように欺罔し，錯誤に陥ったＤ駅改札口係員が精算すべき差額運賃（Ｂ駅－Ｃ駅間の運賃）を請求しないという不作為の処分行為によって運賃支払債務を不法に免れている（Ｄ駅改札口係員に処分行為を認める構成としては，⑴無意識的処分行為説を前提に，Ｄ駅改札口係員に無意識（かつ不作為）の処分行為が認められるとする，⑵意識的処分行為説を前提に，処分意思の内容を緩和し，Ｄ駅改札口係員が欺罔されて行為者の出場を許せば，運賃支払債務の履行を事実上免れさせてしまうことを認識しつつ処分しているとする（あるいは債権額がゼロであると誤信して「決済した」点を捉えて，利益の外形的移転の認識を認め，処分意思の存在を肯定する））。したがって，Ｄ駅の改札を通過した時点で既遂となる。

詐欺罪否定説＝鉄道営業法29条の無賃乗車罪のみが成立する。

cf.　近時自動改札機を利用したキセル乗車について，246条の2後段の罪の成立を認めた下級審判例がある（東京地判平24.6.25）。

141.　クレジットカード利用取引は会員に対する個別的信用を基礎として成立しており，実際に加盟店規約では，信販会社（クレジットカード会社）は加盟店に対し，利用者がクレジットカードの名義人本人であることを確認する義務を負わせているのであるから，経済的に重要な事実に関する欺罔行為がある（法益関係的錯誤，実質的な財産上の損害あり）。したがって，名義の偽りそのものが「人を欺」く行為と認められる（最決平16.2.9）。

cf.　実質的に名義人と同視できる者（家族等）が使用許諾をした場合には，実質的違法性を阻却すると解する余地がある。

□ /	**142.**	**B**	支払の意思なく，自己名義のクレジットカードを使用
□ /			して商品を購入した場合，詐欺罪（246）は成立するかに
□ /			ついて説明しなさい。

□ /	**143.**	**B**	甲が「乙が麻薬の密輸資金を必要としている」とＡを
□ /			偽り，100万円をだまし取った場合，1項詐欺罪における
□ /			財産上の損害が認められるかについて説明しなさい。

□ /	**144.**	**B**	甲はＡに裏口入学のあっせんを依頼しＡは裏口入学を
□ /			成功させたが，甲はＡに報酬を支払うことが嫌になり，
□ /			欺罔行為を用いて報酬の支払を免れた場合，「財産上不法
			の利益を得」た（246Ⅱ）といえるかについて説明しなさ
			い。

□ /	**145.**	**B**	電子計算機使用詐欺罪（246の2）における「虚偽の情
□ /			報若しくは不正な指令」の意義について説明しなさい。
□ /			

□ /	**146.**	**B**	電子計算機使用詐欺罪（246の2）における「財産権の
□ /			得喪若しくは変更に係る…電磁的記録」の意義について
□ /			説明しなさい。

□ /	**147.**	**B**	恐喝罪（249）における「恐喝」の意義について説明し
□ /			なさい。
□ /			

142.　　1項詐欺説（東京高判昭59.11.19等）＝会員が支払意思・能力があるかのように装ってカードを呈示する行為も処分行為に向けられた「人を欺く」行為になる。また，加盟店はかかる錯誤に基づいて商品を交付するという処分行為を行っている。さらに，商品の占有が失われた以上，加盟店に財産上の損害が発生している。したがって，欺かれた者・処分行為者・被害者ともに加盟店とし，客体を商品として1項詐欺罪の成立が認められる。

　　　　2項詐欺説＝加盟店は信販会社との契約によって，商品の提供と同時に，信販会社に代金を請求し得るので，信販会社の財産を処分し得る地位・権限を有する。また，加盟店に対する欺罔によって信販会社は代金債務を負担し，逆にカード会員は代金支払を事実上免れる利益を得たことになる。したがって，欺かれた者，処分行為者を加盟店，被害者を信販会社，客体を代金債務として，2項詐欺罪の成立が認められる（三角詐欺説）。

143.　　給付した100万円は不法原因給付（民708）に当たり，Aには返還請求権がないため，財産上の損害が認められるかが問題となるが，交付以前においては当該財物には何ら不法は存在しなかったから，肯定すべきである。

144.　　民事法上被害者に正当な権利が存在しない場合，当該権利は刑法上保護に値するのかが問題となる。

　　　　肯定説（名古屋高判昭30.12.13）＝民事法上の有効無効にかかわらず，財産秩序を乱す。

　　　　否定説（札幌高判昭27.11.20，福岡高判昭29.3.9）＝契約は無効（民90）であって代金の支払義務がない。

145.　　内容が真実に反する情報，与えられるべきでない指令をいい，結果として不実の電磁的記録を作出することとなるものをいう。

146.　　財産権の得喪，変更の事実を記録した電磁的記録であって，その作出・更新により，直接，事実上，当該財産権の得喪・変更が生じることになるものをいう。

147.　　財物の交付に向けられた，相手方の反抗を抑圧するに至らない程度の暴行又は脅迫をいう。暴行又は脅迫は，相手方を畏怖させるものであれば足りる。

□ / □ / □ /	**148.**	**B**	恐喝罪（249 I）における「交付」行為の要否及びその内容について説明しなさい。

□ / □ / □ /	**149.**	**A**	甲はVに対して3万円の金銭債権を有しているところ，Vから6万円を脅し取った場合，恐喝罪（249 I）が成立するかについて説明しなさい。

□ / □ / □ /	**150.**	**B**	横領罪（252）の保護法益について説明しなさい。

□ / □ / □ /	**151.**	**A**	横領罪（252 I）の構成要件について説明しなさい。

□ / □ / □ /	**152.**	**B**	寄託された金銭が「他人の物」（252 I）といえるかについて説明しなさい。

□ / □ / □ /	**153.**	**B**	乙は，所有権留保の約定付割賦売買契約に基づき24回の月賦払いで，自動車販売会社から自動車を購入し，同自動車の引渡しを受けたが，3回分を支払った時点で，自己の借金の担保として，同自動車を金融業者に提供した。この事例において，同自動車が「他人の物」に当たり，それを領得する行為について横領罪（252 I）が成立するかについて説明しなさい。

148.　詐欺罪において判例が処分行為を要件としているところ（最判昭30.4.8），詐欺罪と恐喝罪は同じ<u>交付罪</u>であるから，「交付」行為は要件となる（最決昭43.12.11）。

　　そして，恐喝罪の本質は<u>交付罪</u>であることからすれば，被害者の<u>瑕疵ある意思</u>に<u>基づいた財物等の移転</u>があるかが重要であり，被害者による<u>黙示の不作為</u>であっても処分行為たり得ると解する（最決昭43.12.11）。

149.　恐喝罪は<u>個別財産</u>に対する罪であるから，<u>交付財産全体</u>について，構成要件該当性が肯定される。ただし，喝取した金額が<u>正当な権利の範囲内</u>であり，その方法が<u>社会通念上一般に忍容すべきもの</u>と認められる程度を超えない場合（<u>実力行使の必要</u>があって，かつ，手段も<u>社会的相当性</u>を有する場合）には<u>違法性</u>が阻却される（最判昭30.10.14）。

150.　第1次的法益として物に対する<u>所有権</u>（所有権に裏付けられた利用可能性），第2次的法益として<u>委託信任関係</u>（委託物横領罪の場合）をいう。

151.　①「<u>自己の占有する</u>」，
　　②「<u>他人の物を</u>」，
　　③<u>委託信任関係</u>に反して，
　　④「<u>横領した</u>」，
　　⑤<u>不法領得の意思</u>である。

152.　金銭における<u>所有と占有の一致</u>が民事法領域で認められているのは，多数人間を金銭が流通していく<u>取引の動的安全</u>の（即時取得を超えた強度の）保護の付与を目的とするものであって，寄託者と受託者との間での<u>静的安全</u>の保護が問題となる刑法領域において<u>同一に</u>考えるべき根拠はないから，「他人の物」といえる（最判昭26.5.25等）。

153.　形式的な<u>所有権の所在</u>を重視すべきである（所有権的構成）から，「他人の物」に当たり，横領罪が成立する（最判昭55.7.15）。

　　cf. ただし，学説上，代金の支払の程度や，その他具体的な状況に応じて，可罰的違法性の欠如や不法領得の意思の不存在などによって横領罪の成立が否定される場合があるとされている。また，譲渡担保についても，民法の法的性質論と関係して，横領罪（又は背任罪）の成否について議論があり，下級審判例には所有権的構成に立ち，弁済期前に債務者が処分すると横領罪が成立し（名古屋高判昭25.6.20），債権者が処分すると背任罪が成立するとしたものがある（大阪高判昭55.7.29）。

☐ ／
☐ ／ **154.** **B**　横領罪（252 I）における「占有」の意義について説明
☐ ／　　　　しなさい。

☐ ／
☐ ／ **155.** **B**　窃盗犯から盗品の保管を依頼された者が，盗品を売却
☐ ／　　　　した場合（又は，盗品の売却を依頼された者が，その売
　　　　　　却代金を領得した場合），窃盗犯との間に委託信任関係に
　　　　　　基づく「占有」（252 I）が認められるかについて説明し
　　　　　　なさい。

☐ ／
☐ ／ **156.** **B**　甲がAからBに対して賄賂を渡すように頼まれて預か
☐ ／　　　　った金銭や，偽造紙幣印刷の資金としてAが甲に渡した
　　　　　　金銭を甲が勝手に使ってしまった場合に，当該金銭が「他
　　　　　　人の物」（252）といえるかについて説明しなさい。

☐ ／
☐ ／ **157.** **A**　横領罪（252 I）における「横領」の意義について説明
☐ ／　　　　しなさい。

154.　濫用のおそれのある支配力を指し, 事実的支配のみならず, 法律的支配も含む（大判大4.4.9）。また, 単純横領罪の保護法益が委託信任関係にあることから, 委託信任関係に基づくものである必要がある。

155.　窃盗犯人の所持も刑法上保護に値すると解する以上, 所有者以外の者である窃盗犯人との間の委託信任関係も保護に値すると解すべきであるから, 認められる（盗品自体の領得について大判昭13.9.1, 盗品の売却代金の領得について最判昭36.10.10）。

156.　金銭の寄託が不法原因給付に当たる場合, 寄託者は民法上返還請求権を有せず, 受益者に反射的に所有権が帰属するから,「他人の物」（252 I）に当たらないのではないかが問題となる。
　　肯定説（最判昭23.6.5, 最判昭26.5.25）＝刑法上の財産権は, 社会通念上, 一応尊重すべき経済的利益があると認められるところには認められるべきである。
　　否定説＝法秩序の統一性を図る必要がある。
　　「給付」と「寄託」を区別する見解＝「給付」は民法708条の「給付」に当たるが,「寄託」は民法708条の「給付」に当たらない。

157.　横領罪は委託信任関係を破壊して行われる領得罪であることから,「横領」とは, 権限を逸脱した不法領得の意思の発現行為であるとする。そして, 不法領得の意思とは, 他人の物の占有者が委託の趣旨に背いて, その物につき権限がないのに, 所有者でなければできない処分をする意思をいう（最判昭24.3.8）。

□ ／
□ ／　　158.　**B**　　Xは，Aに土地を譲渡し，売却代金を受領したが，移
□ ／　　　　　　　　転登記が未了であったことを奇貨として，XA間の譲渡
　　　　　　　　　　　について悪意であるYに同土地を譲渡し，移転登記をし
　　　　　　　　　　　た。この事例における，XのAとの関係における横領罪
　　　　　　　　　　　（252 I）の成否について説明しなさい。

□ ／
□ ／　　159.　**B**　　Xは，Aに土地を譲渡し，売却代金を受領したが，移
□ ／　　　　　　　　転登記が未了であったことを奇貨として，XA間の譲渡
　　　　　　　　　　　について善意であるYに同土地を譲渡し，移転登記をし
　　　　　　　　　　　た。この事例における，XのYに対する詐欺罪（246 I）
　　　　　　　　　　　の成否について説明しなさい。

□ ／
□ ／　　160.　**B**　　Xは，Aに土地を譲渡し，売却代金を受領したが，移
□ ／　　　　　　　　転登記が未了であったことを奇貨として，XA間の譲渡
　　　　　　　　　　　について悪意であるYに同土地を譲渡し，移転登記をし
　　　　　　　　　　　た。この事例における，YのAに対する横領罪（252 I）
　　　　　　　　　　　の共同正犯の成否について説明しなさい。

□ ／
□ ／　　161.　**B**　　Xが同人所有の土地をAに売却して代金を受領後，B
□ ／　　　　　　　　に対して同土地に抵当権を設定して登記をし（第1行為），
　　　　　　　　　　　Cに対して同土地を売却して，登記を移転した（第2行為）
　　　　　　　　　　　という事例において，第2行為が不可罰的事後行為にな
　　　　　　　　　　　るかについて説明しなさい。

158. ①「自己の占有する」

登記を有するＸには，法律上の占有（濫用のおそれのある支配力）がある。また，委託信任関係は，必ずしも具体的な委任に基づくものである必要はなく，契約の効果として一方が他方のために法的義務を負う関係があれば足りるところ，売主は売買契約上，買主に対し，土地を引き渡し，登記移転する義務を負っているから，委託信任関係に基づく「占有」が認められる。

②「他人の物」

刑法による要保護性を考慮し，民法とは別個に考えるべきであり，少なくとも引渡し，代金の支払があった時が基準になるが，売却代金を受領しているため，「他人の物」に当たる。

③「横領」

二重譲渡は権限を逸脱した領得行為であるから「横領」に当たる。なお，不法領得の意思が外部に発現する時期は，第2譲渡の時点であるが，移転登記時まで所有権の侵害（物の利用阻害）はいまだ確定的でないため，移転登記時に既遂に達する（最判昭30.12.26）。

cf. 動産の二重譲渡の場合には，意思表示の時点で既遂となる（財物の利用可能性が阻害されるため）（大判大2.6.12）。

159. 特段の事情がない限り，詐欺罪を基礎付ける錯誤（又は財産的損害）がないため，詐欺罪は成立しない（通説）。

cf. 第2譲受人を被欺罔者，第1譲受人を財産上の被害者とする三角詐欺の構成は不可能である（第2譲受人は第1譲受人の財産を処分する権限がないため）。

160. 刑法の謙抑性からすれば，民法上有効に財産を取得できる場合を処罰すべきでない。したがって，第2譲受人が背信的悪意者の場合に限り，共犯成立の可能性がある（福岡高判昭47.11.22。なお，最判昭31.6.26は単純悪意の場合に共犯不成立とした）。

そして，横領罪は占有者を主体とする真正身分犯であるところ，65条の文言上，真正身分犯の場合は同条1項を適用すべきであると解する。また，非身分者も身分者を利用することにより法益を侵害することは可能なので，65条1項の「共犯」には共同正犯も含まれると解する。以上から，Ｙが背信的悪意者である場合には，横領罪の共同正犯となる。

161. 不可罰的事後行為なる概念を認める趣旨は，先行行為により，後にされる行為の違法性が評価されていると見ることができる点に求められるところ，担保権の設定により，第1譲受人は担保の負担という観点で権利侵害があったといえ，さらに売却により第1譲受人は権利を全く取得できていない。このように，担保の設定と所有権の移転では，権利侵害の質に違いがある以上，先の行為で後の行為を評価していると見ることはできない。したがって，不可罰的事後行為とはならない（最大判平15.4.23）。

□ /	**162.** **B**	家庭裁判所から選任された未成年後見人（成年後見人）甲が，被後見人たるAの預金を引き出し，費消した。甲とAに親族関係がある場合，親族間の特例（255，244）が準用されるかについて説明しなさい。

□ /	**163.** **B**	物の売却代金を横領するため詐言を用いた場合，詐欺利得罪（246Ⅱ）と横領罪（252Ⅰ）の成立が考えられるが，その関係をどのように考えるべきかについて説明しなさい。

□ /	**164.** **A**	業務上横領罪（253）の構成要件について説明しなさい。

□ /	**165.** **B**	業務上横領罪（253）における「業務」の意義について説明しなさい。

□ /	**166.** **B**	甲は，A会社の取締役兼経理部長の乙に会社の金を横領するよう唆し，乙は当該金を横領した。この場合，甲について，65条1項で処理するか，2項で処理するかについて説明しなさい。

162.　　　親族間の特例の趣旨は、政策的なもの（「法は家庭に入らず」）であるところ、後見人は被後見人のためにその財産を誠実に管理すべき法律上の義務を負っている。また、民法上、後見人が被後見人と親族関係にあるか否かによって、別意に扱っていない。さらに、後見人の事務は公共的性格を有するものであるから、準用する基礎を欠く。よって、準用されない（未成年後見人の事案について最決平20.2.18、成年後見人の事案について最決平24.10.9）。

163.　　　横領罪は、物が自己の占有下にあり、奪取罪に比べて間接的な侵害であること、行為者としても誘惑的であるから非難可能性が少ないことを理由として、詐欺罪や窃盗罪に比して法定刑が低くなっているところ、詐欺利得罪を成立させてしまうと、横領罪の法定刑を低くした趣旨を没却させてしまい、妥当でない。また、詐言は売却代金を自己の占有下に保持するための手段であり、横領罪における領得行為の一部と考えるべきである。したがって、2項詐欺罪は別途成立せず、横領罪に吸収されると解する（大判大3.5.30、大判昭11.10.19）。

164.　　　①「業務上」、
　　　②「自己の占有する」、
　　　③「他人の物を」
　　　④委託信任関係に反して、
　　　⑤「横領した」、
　　　⑥不法領得の意思である。

165.　　　同種の行為を反復すべき地位に基づく事務（大判昭9.10.29）のうち、他人物の占有が業務内容になっていることをいう。

166.　　　非占有者からすると、業務上の占有者であることは真正身分であるから、65条1項で業務上横領罪（の教唆犯）が成立する。もっとも、単なる占有者が業務上物を占有する者と共犯行為を行った場合は65条2項で単純横領となることと均衡を欠くから、処断刑は単純横領罪を基準にすべきである（最判昭32.11.19）。

□	/	**167.**	**B**	振り込め詐欺で自己名義の口座に振り込ませた金銭を
□	/			引き出した場合の処理について説明しなさい。
□	/			

167.　①振り込んだ者との関係

振込みが経済取引上支払の決済手段として広く用いられており，通常は，振込入金された時点でこれと同額の金員を自由に処分できる状態に置かれたものと同視できるから，1項詐欺の問題とすべきである（下級審判例，大阪高判平16.12.21）。

既遂時期は，原則として振込入金された時点であり，例外として口座からの引出しが社会通念上不可能といえる特段の事情が存在する場合には未遂にとどまる（浦和地判平4.4.24，ex. 口座凍結）。

cf. 第三者の口座に振り込ませた金員を払い戻す場合，不正な目的があり，かつ，名義人の債権を譲り受けることができないことから正当な払戻権限がなく，その点を秘して引き出したことが「人を欺」く行為と構成できる（東京高判平17.12.15参照）。

②銀行との関係

窃盗罪の成否が問題となる。

瑕疵ある意思表示に基づくものとはいえ，一応有効に原因関係が存在することを強調すれば，否定説に繋がるが，正当な払戻権限がない（その論拠としては様々だが，権利濫用の一般条項による立場が有力である（民事判例である最判平20.10.10））こと等を強調すれば肯定説につながる（名古屋高判平24.7.5等）。

□ ／
□ ／　　**168.** **B**　　誤振込みによって振り込まれた金銭を窓口で払い戻し
□ ／　　　　　　た場合の処理について説明しなさい。

168.

①検討すべき構成要件

　普通預金口座に誤振込金が混入してしまえば，それと同額の預金債権の成立は肯定されるが（民事判例，最判平8.4.26），受取人には同預金債権についての正当な払戻権限がない（又は一定の限度で制約されている）ため，法律上の占有（預金による占有）はない。他方，銀行には金銭の事実的支配（＝事実上の占有）が認められる。とすれば，当該金銭は「占有を離れた他人の物」（254）とはいえない。したがって，詐欺罪（246Ⅰ）を検討すべきである（最決平15.3.12）。

②「人を欺」く行為

　前提として，作為犯（挙動による欺罔行為）か不作為犯かが問題となるが，不作為犯を検討すべきである。挙動による欺罔行為を認めるには，その挙動（態度）が黙示的に虚偽を表示していると解釈できる必要があるところ，誤振込みの事実を知りつつ，そのことを秘して預金の払戻しを請求したとしても，普通預金規定などで，払戻請求の要件として誤振込みの事実がなかったことが規定されているわけでもないし，誤振込みという特殊事情までを当事者が常に意識しつつ，預金の払戻しに対応しているわけではない。また，預金の払戻請求それ自体を「誤振込みされていない金員の払戻しを請求する」という意思の表示と解釈することは困難であるからである。

　そして，銀行実務では，受取人から誤った振込みがある旨の指摘があった場合には，入金処理に誤りがなかったかどうかを確認する一方，振込依頼人に対し当該振込みの過誤の有無に関する照会を行うなどの措置が講じられているため，受取人においては，銀行との間で継続的な預金取引を行っている者として，自己の口座に誤った振込みがあることを知った場合には，銀行に上記の措置を講じさせるため，誤った振込みがあった旨を銀行に告知すべき信義則上の義務があるところ，銀行に告知すべき信義則上の義務を履行せず，因果の流れを放置しておけば，銀行が組み戻しを行う機会を失うという法益侵害の結果発生が実現してしまうため，かかる義務違反は作為と同視できるほどの危険性がある。したがって，「人を欺」く行為に当たる（最決平15.3.12）。

③財産的損害

　銀行実務においては，誤振込みが疑われれば入金処理に誤りがなかったかどうかの調査・照会等の措置が講じられるのが通常であるため，銀行にとって払戻請求を受けた預金が誤った振込みによるものか否かは，直ちにその支払に応ずるか否かを決める上で重要な事柄であり，かかる事実は経済取引的にみて重要であるから，財産的損害は認められる。

④損害額（もともと入っていた残高部分についても詐欺罪が成立するか）

　肯定説＝全体について欺罔行為が存在するため，全体が違法性を帯びる。

　否定説（判例？）＝本来払い戻さなければならない部分については，要保護性がない（あるいは告知義務・錯誤がない）。

　cf. 窓口ではなくＡＴＭで引き出した場合は，窃盗罪を構成する（東京高判平6.9.12）。

☐ /	**169.**	**B**	他人名義の口座の開設が「人を欺」く行為（246）に当たるかについて説明しなさい。

☐ /
☐ /

☐ /	**170.**	**B**	譲渡目的を秘した自己名義の口座の開設が「人を欺」く行為（246）に当たるかについて説明しなさい。

☐ /
☐ /

☐ /	**171.**	**B**	甲はAからキャッシュカードを窃取した後，ATMでAの口座の預金を引き出すために残高照会を行った。もっとも，Aが銀行にキャッシュカードの利用停止を申し出ていたため，甲は残高照会ができなかった。この事例の処理について説明しなさい。

☐ /
☐ /

☐ /	**172.**	**A**	背任罪（247）の構成要件について説明しなさい。

☐ /
☐ /

☐ /	**173.**	**B**	背任罪（247）における「事務」の意義について説明しなさい。

☐ /
☐ /

169. 金融機関が本人確認を行うのは，犯罪利用防止目的などの公的目的であることは否定できないが，金融機関はその信用性維持という観点からも本人確認を行っていると考えられるため，金融機関にとって，名義人が誰かという点は経済取引上の重要事項ということができる。したがって，「人を欺」く行為に当たる（最決平14.10.21）。

    cf. 通帳が「財物」に当たるかという点も問題となるが，所有権の対象となるだけでなく，払戻しを受けられるなどの財産的価値を有するため，これを認めることができる（最決平14.10.21）。

170. 金融機関が約款をもって預金債権の譲渡を禁止しており，これに反する意図があるとわかれば，上記のような信用性維持のために口座開設を拒否するのであるから，口座の自己使用目的があるか否かは，金融機関にとって経済取引上の重要事項である。したがって，「人を欺」く行為に当たる（最決平19.7.17）。

    cf. 挙動による欺罔行為（作為犯）か不作為による欺罔行為かが別途問題となるが，譲渡目的を秘して口座を開設した行為は，それ自体口座を自己使用目的で利用し続けるという意思の表明であると解されるから，挙動による欺罔行為とするのが判例（最決平19.7.17）である。

171. ①残高照会の時点で窃盗罪の実行の着手が認められるか

    残高照会と預金の引出しとは社会通念上密接に関連したものであるし，両者の間に障害となる特段の事情が存在しないため，残高照会の時点で占有侵害の具体的危険が高まったと評価できる。したがって，窃盗罪の実行の着手が認められる（下級審判例，名古屋高判平13.9.17，京都地判平18.5.12等）。

②キャッシュカード窃取との罪数関係

    キャッシュカードはそれ自体財産罪の客体となる財物であるし，キャッシュカードを所得したからといって，預金口座内の金銭まで所得したと見ることはできないため，2つの行為は社会通念上別個の行為と評価すべきである。したがって，別罪を構成する（罪数関係は包括一罪又は併合罪，最決平14.2.8）。

172. ① 「他人のためにその事務を処理する者が」，
② 「自己若しくは第三者の利益を図り又は本人に損害を加える目的で」，
③ 「その任務に背く行為をし」，
④ 「本人に財産上の損害を加えたとき」である。

173. 事実上の事務と法律上の事務とを問わないが，財産上の事務に限られる。また，事務の具体性が必要である。

□ / □ / □ /	**174.**	**A**	背任罪（247）における「自己若しくは第三者の利益を図り又は本人に損害を加える目的」の内容をどのように解すべきかについて説明しなさい。
□ / □ / □ /	**175.**	**A**	背任罪（247）の本質（「任務に背く行為」の意義）について説明しなさい。
□ / □ / □ /	**176.**	**B**	背任罪（247）における「財産上の損害」の意義について説明しなさい。
□ / □ / □ /	**177.**	**B**	XはAから借金するに当たり，担保としてX所有の家屋につきAとの間で抵当権設定契約を締結したが，その登記をする前に，さらにYから借金し，Yとの間に抵当権設定契約を締結し，登記を完了させた。この事例における，XのAに対する背任罪（247）の成否について説明しなさい。
□ / □ / □ /	**178.**	**B**	乙が甲に不正融資であることを知って，積極的に働き掛け融資を促したという事例において，乙は背任罪（247）の共同正犯（60）となることが考えられるが，経済取引界において融資を得るために働き掛けを行うことは通常の経済活動といえる範囲ならば許容されるべきであり，安易に背任罪の共犯を成立させれば，自由な経済活動を過大に制約することとなる。そこで，背任罪の共犯の成立において，成立範囲を一定の限度に制限する必要があるが，それをどのように制限すべきかについて説明しなさい。

174.　　図利・加害目的の要件は，本人図利目的を除くことを裏側から規定したものであり，主として本人のためになされたと評価できれば，図利加害目的を欠く（消極的動機説，最決平10.11.25）。

175.　　背任罪は他人との信頼関係に違背してその財産に損害を加える犯罪である（背信説，大判明44.10.13，大判大3.6.20）。

176.　　権限ある者による財産の処分は，価値が下がらなければ義務違反がないため，財産上の損害の発生は，全体財産に損害を発生させることで足りる。もっとも，損害発生は，経済的見地から考えるべきである（最決昭58.5.24）。

177.　　① 「他人のためにその事務を処理する者」
　　　　　XがAの登記に協力する行為は，Xの抵当権設定契約の債務の履行として自己の事務としての側面があるが，Xの協力がない限りAの抵当権の設定登記は困難であるため，Xには Aによる登記を妨害しないという消極的義務があるから，Xは「他人の事務を処理する者」に当たる。
　　　　② 「自己若しくは第三者の利益を図り又は本人に損害を加える目的」
　　　　　XはYから借金を得ようとしており，肯定。
　　　　③ 「その任務に背く行為」
　　　　　Aによる登記を妨害しないという消極的義務に違反し，Aとの信任関係に違背して，下記のようにAの財産に損害を加えており，肯定。
　　　　④ 「財産上の損害」
　　　　　Aが二番抵当権しか取得できず，担保価値の減少が認められるので「財産上の損害」がある。
　　　　よって，背任罪が成立する。

178.　　主観的限定説＝一般的な背任罪の故意では足りず，任務違背行為を具体的に認識している必要がある。
　　　　客観的限定説＝①行為者が実質的には事務処理者側の者といえるか，事務処理者と経済的利害を共通にする関係がある場合（利害一体型），②事務処理者に対する支配的な影響力を利用したり，その働き掛けが著しく不相当であるなど，事務処理者の任務違背行為を正に作り出したといえる場合（強度の働き掛け型）に限定する。
　　　　折衷説＝その働き掛けの程度が経済取引における社会通念に照らして，明らかに逸脱しているかを基準とし，当該客観的事情を基礎にしつつ，行為者の主観的事情をも補充的に考慮しながら総合的に判断する。

□ /___ □ /___ □ /___	**179.**	**A**	横領罪（252，253）と背任罪（247）の区別について説明しなさい。

□ /___ □ /___ □ /___	**180.**	**A**	盗品無償譲受け罪（256 I）の構成要件について説明しなさい。

□ /___ □ /___ □ /___	**181.**	**A**	盗品運搬・保管・有償譲受け・有償処分あっせん罪（256 II）の構成要件について説明しなさい。

□ /___ □ /___ □ /___	**182.**	**B**	盗品等に関する罪（256）における「盗品」の意義について説明しなさい。

□ /___ □ /___ □ /___	**183.**	**B**	盗品等に関する罪における「運搬」（256 II）の意義について説明しなさい。

□ /___ □ /___ □ /___	**184.**	**B**	盗品等に関する罪における「保管」（256 II）の意義について説明しなさい。

□ /___ □ /___ □ /___	**185.**	**B**	盗品であることを知った後，本犯者のために保管を続けた場合，盗品等保管罪（256 II）が成立するかについて説明しなさい。

□ /___ □ /___ □ /___	**186.**	**B**	盗品等有償処分あっせん罪（256 II）の成立時期について説明しなさい。

□ /___ □ /___ □ /___	**187.**	**B**	盗品性を秘して盗品を第三者に売却した場合，盗品等有償処分あっせん罪（256 II）の他に詐欺罪（246）が成立するかについて説明しなさい。

179.　横領罪と背任罪は法条競合の関係にあるから，まずは重い横領罪を検討し，次に背任罪の成否を検討すべきである。したがって，行為者が財物を「自己の物とする」領得行為を行った場合には横領罪が成立し，それ以外の場合には背任罪が成立する（通説）。

180.　① 「盗品その他財産に対する罪に当たる行為によって領得された物を」，
② 「無償で譲り受けた」ことである。

181.　① 「盗品その他財産に対する罪に当たる行為によって領得された物を」，
② 「運搬し，保管し，若しくは有償で譲り受け，又はその有償の処分のあっせんをした」ことである。

182.　財産犯によって領得された物で被害者が追求権を有する物をいう（追求権説から）。

183.　盗品の所在を移動させることをいう。

184.　委託を受けて本犯のために盗品などの占有を得て管理することをいう。

185.　本罪は継続犯であるから，知情後も本犯者のために保管を続けた場合でも，保管罪が成立する（最決昭50.6.12）。ただし，知情後に，自ら不法に領得する意思，被害者や本犯への返還意思，警察等への通報意思などを有しながら保管を継続する場合には保管罪は成立しない。

186.　あっせん行為時に犯罪が成立する（最判昭23.11.9，最判昭26.1.30）。その時点で追求権の行使を困難若しくは不能ならしめるし，本犯助長的性格も認められるからである。

187.　詐欺行為が行われるのはあっせんに伴う当然の結果であるから，有償処分あっせん罪と別に，詐欺罪を構成しないと解すべきである。

□ /	**188.** **B**	盗品等に関する罪(256)の成立に当たり,本犯者との
□ /		意思連絡が必要かについて説明しなさい。
□ /		

□ /	**189.** **B**	本犯者からの依頼を受けて,被害者に盗品を売却した
□ /		場合,盗品等有償処分あっせん罪(256Ⅱ)が成立するか
□ /		について説明しなさい。

□ /	**190.** **A**	盗品等に関する罪における親族等の犯罪に関する特例
□ /		(257)の要件について説明しなさい。
□ /		

□ /	**191.** **B**	盗品等に関する罪における親族等の犯罪に関する特例
□ /		(257)における親族関係は犯人と誰との間に必要かにつ
□ /		いて説明しなさい。

□ /	**192.** **B**	盗品犯人が,本犯者を自己の直系血族であると誤信し
□ /		て盗品を買い受けた場合,故意は否定されるかについて説
□ /		明しなさい。

□ /	**193.** **B**	不法原因給付物を横領又は詐取した後,これを譲り受
□ /		けた者に,盗品等譲受け罪(256)が成立するかについて
□ /		説明しなさい。

□ /	**194.** **A**	器物損壊罪(261)の構成要件について説明しなさい。
□ /		
□ /		

188. 　本罪には本犯助長的性格があるため，必要である（札幌高判昭27.3.8，本犯者の意思に反しないことで足りるとする見解もある）。

189. 　盗品等に関する罪は，本犯の被害者の盗品等に対する追求権（返還請求権）を保護法益とするところ（追求権説），ここでいう追求権とは盗品の正常な回復をも求める権利（＝いわれなき負担を負うことなく返還を求めること）をいう。そうすると，被害者による盗品の正常な回復（＝いわれなき負担を負うことなく返還を求めること）を困難にするという意味で追求権侵害があるというべきであるから，盗品等有償処分あっせん罪が成立する。

190. ①「配偶者との間又は直系血族，同居の親族若しくはこれらの者の配偶者との間で」，
②盗品関与罪「を犯した」ことである。

191. 　257条1項は本犯者庇護という事後従犯的側面を有することを併せて考慮し，適法行為の期待可能性が減少することを理由に，一身的に処罰を阻却し，刑の免除を認めたものであると考えられる。そうだとすれば，257条1項所定の親族関係は，本犯者と盗品等に関する罪の犯人との間に必要であると解すべきである（最決昭38.11.8）。

192. 　本特例の法的性質は，一身的処罰阻却事由（親族関係は故意の内容ではない）であるから，故意は否定されない。

193. 不法原因給付物には被害者に返還請求権が認められないことから問題となる。
　成立肯定説＝民法に依拠した追求権のみを重視することなく，本犯助長的性格，事後従犯的性格を考慮に入れ，刑法独自の違法性を考察すべきであるし，（本犯者に詐欺罪が成立する場合について）騙取された不法原因給付物の譲受けと一般の騙取物のそれで，当罰性に差は見出し難い。
　本犯が横領の場合に成立を否定し，本犯が詐欺の場合に成立を肯定する見解＝本犯者の財産罪の成否によって盗品等関与罪の成否を決すべきである。
　成立否定説＝（横領罪について成立否定説を前提に）本犯者に横領罪が成立しないのだから，盗品等関与罪が成立しないのは当然であるし，（詐欺罪について成立肯定説を前提に）本犯者に詐欺罪が成立するか否かと，盗品等関与罪の成否は別問題である。

194. ①「他人の物を」，
②「損壊し，又は傷害した」ことである。

☐ ／
☐ ／　　**195.** **B**　　器物損壊罪（261）における「器物」の意義について説
☐ ／　　　　　　　　明しなさい。

☐ ／
☐ ／　　**196.** **B**　　器物損壊罪（261）における「損壊」の意義について説
☐ ／　　　　　　　　明しなさい。

195.　他人の財物。動産には動物も含まれ，不動産も含まれる。

196.　物本来の効用を失わしめる行為（最判昭32.4.4）をいう。

2 社会的法益に関する罪

□ ___/___ 1. **B** 放火罪及び失火罪の保護法益及び法的性質について説
□ ___/___ 明しなさい。
□ ___/___

□ ___/___ 2. **A** 現住建造物等放火罪（108）の構成要件について説明し
□ ___/___ なさい。
□ ___/___

□ ___/___ 3. **B** 現住建造物等放火罪（108）における「放火」の意義に
□ ___/___ ついて説明しなさい。
□ ___/___

□ ___/___ 4. **A** 現住建造物等放火罪（108）における「現に人が住居に
□ ___/___ 使用」（現住性）の意義について説明しなさい。
□ ___/___

□ ___/___ 5. **A** 甲は，A神宮の祭具庫に火を放ち，これを炎上させたが，
□ ___/___ 同祭具庫は木造の渡り廊下によって複数の木造建物と結
□ ___/___ ばれており，その中の建物の一部である宿直室には，複
数の宿直員が寝泊まりしていた。この事例において，同
祭具庫が現住建造物等放火罪（108）における「現に人が
住居に使用し又は現に人がいる建造物」に当たるかにつ
いて説明しなさい。

□ ___/___ 6. **B** 現住建造物等放火罪（108）における「建造物」の意義
□ ___/___ について説明しなさい。
□ ___/___

2　社会的法益に関する罪

1. 保護法益＝不特定又は多数人の生命・身体・財産（公共危険罪）。
   法的性質＝抽象的危険犯（条文上危険の発生が要求されていないもの）又は具体的危険犯（条文上危険の発生が要求されているもの）。

2. ①「放火して」,
   ②「現に人が住居に使用し又は現に人がいる建造物, 汽車, 電車, 艦船又は鉱坑を」,
   ③「焼損した」ことである。

3. 点火行為のみならず, その直前の結果発生の具体的危険が認められる行為を指す。また, 媒介物を利用する場合も含み, 既発の火力を利用する（不作為犯）ことも「放火」に当たる。

4. 起臥寝食する場所として, 日常利用されていることを意味し, 住居に現に人がいることは要求されない。

5. 現住建造物放火罪の法定刑が極めて重いのは, 現住建造物に放火された場合には, 人の生命・身体に危険が発生する可能性が高い点を考慮したものである。そうだとすれば, 現住性の判断は人の生命・身体に危険が発生する可能性が高いか否かによって決すべきである。そこで, 物理的一体性又は機能的一体性のいずれかが認められれば, 現住性を肯定するべきである（最決平元.7.14）。なお, 物理的一体性は, 構造的一体性を前提とし, 延焼可能性を加味して実質的危険性があるかという点から, 判断すべきである。
   これを本件について見ると, 「現に人が住居に使用し又は現に人がいる建造物」である宿直室と同祭具庫は, 木造の渡り廊下という延焼可能性が高い構造によって一体として結ばれており, 物理的一体性を肯定できる。
   よって, 「現に人が住居に使用し又は現に人がいる建造物」に当たる。

6. 家屋その他これに類似した工作物で, 土地に定着し, 人の起居出入に適する構造を有するもの（大判大13.5.31）をいう。

☐ ／
☐ ／　　7.　**A**　　現住建造物等放火罪（108）における「焼損」の意義に
☐ ／　　　　　　　　ついて説明しなさい。

☐ ／
☐ ／　　8.　**A**　　非現住建造物放火罪（109）の構成要件について説明し
☐ ／　　　　　　　　なさい。

☐ ／
☐ ／　　9.　**A**　　自己所有建造物等放火罪（109Ⅱ）における「公共の危
☐ ／　　　　　　　　険」の意義について説明しなさい。

☐ ／
☐ ／　　10.　**A**　　建造物等以外放火罪（110）の構成要件について説明し
☐ ／　　　　　　　　なさい。

7.　　未遂のない失火罪では，既遂時期を早い時期に認めるべきであるところ，これと同じ「焼損」の文言を用いている他の放火罪の既遂時期は統一的に把握すべきである。また，公共の危険は目的物が独立して燃焼を開始した時点で発生する。したがって，「焼損」とは火が媒介物を離れ，独立に燃焼を継続する状態に達したことを指すと解する（独立燃焼説，最判昭23.11.2，最判昭25.5.25等）。

8.　　（他人所有非現住建造物放火罪（109Ⅰ））
①「放火して」，
②他人が所有し，
③「現に人が住居に使用せず，かつ，現に人がいない建造物，艦船又は鉱坑を」，
④「焼損した」ことである。
（自己所有非現住建造物放火罪（109Ⅱ））
①「放火して」，
②「自己の所有に係る」，
③「現に人が住居に使用せず，かつ，現に人がいない建造物，艦船又は鉱坑を」，
④「焼損し」，
⑤「公共の危険を生じさせた」ことである。

9.　　放火罪の公共危険罪たる性格を考慮に入れれば，「公共の危険」とは，必ずしも108条及び109条1項に規定する建造物等に対する延焼の危険のみに限られるものではなく，不特定又は多数の人の生命，身体又は前記建造物等以外の財産に対する危険も含む（最決平15.4.14）。なお，その判断については，一般人を基準とする（大判明44.4.24）。

10.　　（他人所有建造物等以外放火罪（110Ⅰ））
①「放火して」，
②他人の所有に係るもので，
③「前二条に規定する物以外の物を」，
④「焼損し」，
⑤「よって公共の危険を生じさせた」ことである。
（自己所有建造物等以外放火罪（110Ⅱ））
①「放火して」，
②「自己の所有に係る」もので，
③「前二条に規定する物以外の物を」，
④「焼損し」，
⑤「よって公共の危険を生じさせた」ことである。

		11.	**A**	自己所有建造物等放火罪（109Ⅱ）・建造物等以外放火罪（110）の故意を認めるために，「公共の危険」の認識が必要かについて説明しなさい。

		12.	**B**	「失火」（116，117の2）の意義について説明しなさい。

		13.	**B**	文書偽造罪の保護法益について説明しなさい。

		14.	**A**	文書偽造罪における「偽造」の意義について説明しなさい。

		15.	**B**	文書偽造罪における名義人の意義及び判断方法について説明しなさい。

		16.	**A**	資格の冒用の場合における名義人の特定方法について説明しなさい。

		17.	**A**	甲は，Aの代理人でもないのに「A代理人甲」名義の文書を行使の目的をもって作成した。この場合，名義人は誰であるかについて説明しなさい。

		18.	**B**	文書偽造罪における作成者の意義について説明しなさい。

11. 自己所有建造物等放火罪については、「公共の危険」の発生がただし書に規定されており、このことは、客観的処罰条件を表している（構成要件要素ではない）。また、建造物等以外放火罪については、「よって…させた」という文言からすれば、本罪は結果的加重犯である。よって、「公共の危険」の認識は不要である（最判昭60.3.28, 他人所有建造物等以外放火罪の事案について）。

12. 過失によって出火せしめることをいう。

13. 文書に対する公共の信用をいう。

14. 文書に対する公共の信用は、作成権者によって真実その文書が作成されたかに向けられるし、内容的には真実であっても、作成者の意思に反して名義を冒用する行為を禁止する必要性があることから、名義を偽ること（有形偽造）、すなわち名義人と文書作成者が不一致であること（≒人格の同一性を偽ること）を指す。

15. 名義人とは、文書の記載内容から理解されるその意識内容の主体を指し、文書を受け取った一般人において、当該文書の記載内容、形式、性質等から、誰の意思・観念が記載されている文書であると認識するのかという観点から判断される。

16. 名義人の特定は、文書に表示されている個人名や団体名だけを取り上げて形式的に判断するのではなく、当該文書のその余の内容や性質等も考慮に入れて、一般人において当該文書の名義人が誰であると認識するのか（誰の文書であると思って信用するのか）という観点から実質的に判断する。そのため、資格の冒用であっても、当該文書の性質等からその点に公共の信用が置かれる場合には、名義人は「当該資格を有する者（＝実在しない人物）」となる。

17. 代理名義の文書は、法律効果が本人に帰属する形式の文書であるから、本人を名義人とすべきである。したがって、名義人は「A」となる（最決昭45.9.4）。

18. 現実に文書を作る者と文書の名義人は異なることが通常であることから、作成者とは、文書を作成させた意思の主体を指す。

□ / □ / □ /	19.	**B**	運転免許停止処分を受けていた甲は，運転中に取締りを受けた際，予め同意を得ていた乙の氏名を称し，免許証不携帯の交通事件原票の供述書欄に「乙」と署名した。この場合，「偽造」となるかについて説明しなさい。
□ / □ / □ /	20.	**B**	文書偽造罪における「文書」の意義について説明しなさい。
□ / □ / □ /	21.	**B**	文書偽造罪における「印章若しくは署名を使用」の意義について説明しなさい。
□ / □ / □ /	22.	**B**	文書偽造罪における「変造」の意義について説明しなさい。
□ / □ / □ /	23.	**B**	甲は，市長A発行の住民票（写し）の非本質部分に改ざんを加えて写真コピーしたものを，住民票のコピーであるとして勤務先に提出した。この事例において，①コピーを，原文書としてではなくコピーとして用いる場合，それが偽造の客体となる「文書」に当たるのか，②「文書」に当たる場合，名義人は誰なのか，③内容虚偽のコピーを作出することが「偽造」に当たるのか（変造ではないか），④有印である文書のコピーが有印文書か無印文書かについて説明しなさい。
□ / □ / □ /	24.	**B**	文書偽造罪における「偽造」の程度について説明しなさい。

19.　文書の機能・目的から「人格の同一性の吟味」が厳しく要請される文書の場合は，文書の性質上名義人自身の手によって作成されること（自署性）が要求されているから，名義人の承諾があっても有形偽造となる（最決昭56.4.8・通説）。

20.　文字又はこれに代わるべき可視的方法を用い，ある程度永続すべき状態において，特定人の意思又は観念を表示した物体をいう（大判明43.9.30）。

21.　真正の印鑑を不正に押捺し，又は正当に物体上に表示された印影・署名を不正に使用すること（大判大3.6.13）をいう。

22.　真正文書に変更を加える権限のない者が，他人名義の真正文書の非本質的部分に変更を加え，既存の文書に新たな証明力を作り出すものであることをいう。

23.　①「文書」は，本来，原本に限るが，原本と同様の社会的機能と信用性がある場合には，写しも本罪の客体とすることができるところ，写真コピーは原本と同一の意識内容を保有するため，原本と同様の社会的機能と信用性がある。したがって，「文書」に当たる。
　②名義人とは作成者として認識されるものをいうところ，コピーは，これを見る者をして印章・署名までを含めた原本の内容について，原本に接した場合と同様に意識させるものである。したがって，コピーの名義人は原本の名義人である。
　③原本をコピーすることは新たな証明力を有する別個の文書を作成する行為であるから，「偽造」に当たる。
　④コピーに複写された印章・署名は，原本の作成名義人の印と見るべきであるから，有印文書である。
　cf.「真正な写真コピー」の作成は社会通念上予想される事態であるから，写真コピーに作成名義人として表示された者の許諾があると構成し，処罰範囲を限定する。

24.　一般人をして真正に作成された文書であると誤認させるに足りる程度である必要がある。ただし，この程度に至っているか否かは，当該文書の種類・性質や社会における機能，そこから想定される文書の行使形態等を含めて判断するべきである（大阪地判平8.7.8）。
　cf. 偽造の成否は，当該文書の客観的形状を基本に判断すべきとする見解もある（東京高判平20.7.18）。

☐ /	25.	**A**	有印公文書偽造罪（155 I）の構成要件について説明しなさい。
☐ /			
☐ /			

☐ /	26.	**A**	無印公文書偽造罪（155 III）の構成要件について説明しなさい。
☐ /			
☐ /			

☐ /	27.	**B**	公文書偽造罪（155 I）における「公務所若しくは公務員の作成すべき文書若しくは図画」の意義について説明しなさい。
☐ /			
☐ /			

☐ /	28.	**A**	虚偽公文書作成罪（156）の構成要件について説明しなさい。
☐ /			
☐ /			

☐ /	29.	**B**	作成権限ある公務員以外の者が，虚偽公文書作成罪（156）の間接正犯を犯すことができるかについて説明しなさい。
☐ /			
☐ /			

☐ /	30.	**A**	偽造公文書行使罪（158 I 前段）の構成要件について説明しなさい。
☐ /			
☐ /			

☐ /	31.	**B**	偽造公文書・虚偽公文書行使罪（158）における「行使」の意義について説明しなさい。
☐ /			
☐ /			

25.　（構成要件①）
　　① 「行使の目的で」，
　　② 「公務所若しくは公務員の印章若しくは署名を使用して」，
　　③ 「公務所若しくは公務員の作成すべき文書若しくは図画を」，
　　④ 「偽造し」たことである。
　　（構成要件②）
　　① 「行使の目的で」，
　　② 「偽造した公務所若しくは公務員の印章若しくは署名を使用して」，
　　③ 「公務所若しくは公務員の作成すべき文書若しくは図画を」，
　　④ 「偽造し」たことである。

26.　① 「前二項に規定するもののほか」，
　　② 「公務所若しくは公務員の作成すべき文書若しくは図画を」，
　　③ 「偽造し」たことである。

27.　公務所又は公務員が，その名義をもって権限内において所定の形式に従って作成すべき文書若しくは図画をいう。

28.　① 「公務員が」，
　　② 「その職務に関し」，
　　③ 「行使の目的で」，
　　④ 「虚偽の文書若しくは図画を作成し，又は文書若しくは図画を変造した」ことである。

29.　157条の存在から，法は，156条の間接正犯態様を処罰しない趣旨と考えるのが自然であるし，156条は作成権限ある公務員であるという身分を必要とする身分犯であるから，間接正犯といえども正犯たり得ない。よって，156条の主体を作成権限を有する公務員に限定し，それ以外の者による間接正犯は否定すべきである（ただし，否定説も「作成権限」の概念を拡大し，起案担当者にまで「作成権限」を認めている。最判昭32.10.4，最判昭27.12.25参照）。

30.　①154条から157条「までの文書若しくは図画を」，
　　② 「行使し」たことである。

31.　偽造・変造又は虚偽作成に係る文書を，真正文書若しくは内容の真正な文書として，他人に交付，提示等して，その閲覧に供し，その内容を認識させ又はこれを認識し得る状態におくこと（最大判昭44.6.18）をいう。

☐ /	32.	**A**	有印私文書偽造罪（159 I）の構成要件について説明しなさい。
☐ /			
☐ /			

☐ /	33.	**A**	無印私文書偽造罪（159 Ⅲ）の構成要件について説明しなさい。
☐ /			
☐ /			

☐ /	34.	**B**	私文書偽造罪における「権利，義務…に関する文書」の意義について説明しなさい。
☐ /			
☐ /			

☐ /	35.	**B**	私文書偽造罪における「事実証明に関する文書」の意義について説明しなさい。
☐ /			
☐ /			

☐ /	36.	**A**	偽造私文書等行使罪（161）の構成要件について説明しなさい。
☐ /			
☐ /			

32. （構成要件①）
① 「行使の目的で」，
② 「他人の印章若しくは署名を使用して」，
③ 「権利，義務若しくは事実証明に関する文書若しくは図画を」，
④ 「偽造した」ことである。
（構成要件②）
① 「行使の目的で」，
② 「偽造した他人の印章若しくは署名を使用して」，
③ 「権利，義務若しくは事実証明に関する文書若しくは図画を」，
④ 「偽造した」ことである。

33. ①159条1項，2項に「規定するもののほか」，
② 「権利，義務又は事実証明に関する文書又は図画を」，
③ 「偽造し，又は変造した」ことである。

34. 権利・義務の発生，変更，消滅の効果を生じさせることを目的とする意思表示を内容とする文書。借用書，契約書などをいう。

35. 実社会生活に交渉を有する事項を証明するに足りる文書（最決昭33.9.16）をいう。

36. ①159条，160条の「文書又は図画を」，
② 「行使した」ことである。

3 国家的法益に関する罪

□ /	1.	**B**	公務執行妨害罪（95 I）の保護法益及び法的性格について説明しなさい。

□ /	2.	**A**	公務執行妨害罪（95 I）の構成要件について説明しなさい。

□ /	3.	**B**	公務執行妨害罪（95 I）における「公務員」の意義について説明しなさい。

□ /	4.	**B**	公務執行妨害罪（95 I）における「職務を執行するに当たり」の意義について説明しなさい。

□ /	5.	**B**	公務執行妨害罪（95 I）における「暴行又は脅迫」の意義について説明しなさい。

3　国家的法益に関する罪

1. 保護法益＝公務の適正・円滑な遂行（国家作用）
   法的性格＝抽象的危険犯（最判昭33.9.30）

2. ①「公務員が」，
   ②「職務を執行するに当たり」，
   ③職務の適法性，
   ④「暴行又は脅迫を加えた」ことである。

3. 「国又は地方公共団体の職員その他法令により公務に従事する議員，委員その他の職員」（7）をいう。「法令により」とは，法律・命令，条例のほか，行政内部の通達，訓令なども含まれる（最判昭25.2.28）。また，「職員」には，単純な機械的・肉体的労務に従事する者は含まない（最判昭35.3.1）。

4. 「職務」には，広く公務員が取り扱う各種各様の事務の全てが含まれる（最判昭53.6.29）。また，「執行するに当たり」には，職務の執行中はもちろん，まさにその執行に着手しようとしている場合も含まれる。

5. 「暴行」とは，公務員に向けられた不法な有形力の行使をいい，必ずしも直接公務員の身体に対して加えられる必要はなく，公務員の指揮の下に，その手足となって，職務の執行に密接不可分の関係にある補助者に加えられる場合も含む（広義の暴行，最判昭41.3.24）。
   「脅迫」とは，恐怖心を起こさせる目的で，他人に害悪を通知する全てをいい，その害悪の内容，性質，通知の方法を問わない。

□ ／ 　6.　**A**　公務執行妨害罪（95 I）の成立に当たり，①そもそも
□ ／ 　　　　　　公務の適法性は要件とされるか，②公務の適法性の要件
□ ／ 　　　　　　をどのように考えるべきか，③適法性をどのように判断
　　　　　　　　　すべきかについて説明しなさい。

□ ／ 　7.　**B**　犯人蔵匿（103）及び証拠隠滅（104）の罪の保護法益
□ ／ 　　　　　　について説明しなさい。
□ ／

□ ／ 　8.　**A**　犯人蔵匿罪・隠避罪（103）の構成要件について説明し
□ ／ 　　　　　　なさい。
□ ／

□ ／ 　9.　**B**　犯人蔵匿罪・隠避罪（103）における「蔵匿」及び「隠避」
□ ／ 　　　　　　の意義について説明しなさい。
□ ／

□ ／ 10.　**B**　犯人蔵匿罪・隠避罪（103）における故意として何を認識・
□ ／ 　　　　　　認容する必要があるかについて説明しなさい。
□ ／

□ ／ 11.　**B**　犯人蔵匿罪・隠避罪（103）における「罪を犯した者」
□ ／ 　　　　　　の意義について説明しなさい。
□ ／

6.
　①公務員の違法な行為は「職務の執行」とはいえないし，違法な公務の保護は公務員の身分・地位を保護することになるから，適法性は，記述されざる構成要件要素として，要件になる。
　②軽微な違法性があるにすぎない公務は，保護されるべきであるから，(1)一般的・抽象的職務権限に属すること（大判大4.10.6），(2)具体的職務権限に属すること（最決昭53.9.22，最決平元.9.26），(3)法律上の重要な条件・方式を履践していること（最大判昭42.5.24）が必要になる。
　③まず，公務員自身の判断では，判断が恣意に陥る可能性があるし，一般人による判断では，誤解が伴いやすい（適法性は規範的構成要件要素というべき）から，裁判所が法令を解釈して客観的に判断すべきである（客観説）。もっとも，適正な手続を踏んで，行為時に適法であった行為は，ひとまず保護する必要性（公務の円滑な執行のため）があるし，事後的・純客観的に判断すると，公務が不適法とされる範囲が広くなりすぎるから，行為時の状況を基礎に判断すべきである（最決昭41.4.14）。

7.
　国家の刑事司法作用（103条について，判例は，「捜査，審判及び刑の執行等広義における刑事司法の作用」とする（最決平元.5.1））である。

8.
　①「罰金以上の刑に当たる罪を犯した者又は拘禁中に逃走した者」を，
　②「蔵匿し，又は隠避させ」たことである。

9.
　「蔵匿」とは，場所を提供してかくまうことをいい，「隠避」とは，蔵匿以外の方法により官憲による発見・逮捕を免れしめるべき一切の行為をいう（大判昭5.9.18）。

10.
　その罪を犯したことの認識（殺人犯人，窃盗犯人であるといった認識）で足り，犯罪が罰金以上の刑に当たる罪であることは認識する必要はない。後者は素人的認識を超えているからである。

11.
　被疑者（被告人）の蔵匿・隠避は捜査活動を妨害し，ついには真犯人かどうかさえも不明にさせるおそれがあることは否定できない。このようなおそれがある場合には，犯人蔵匿罪・隠避罪の保護法益たる国家の刑事司法作用は害されるというべきである。それゆえ，「罪を犯した者」については，犯罪の嫌疑を受けて捜査又は訴追されている者を指すと解すべきである（最判昭24.8.9）。

☐ / 　12. **A** 　犯人が自らの蔵匿・隠避を他人に教唆した場合の教唆
☐ / 　　　　　犯（61Ⅰ）の成否について説明しなさい。
☐ /

☐ / 　13. **A** 　証拠隠滅罪・証拠偽造罪（104）の構成要件について説
☐ / 　　　　　明しなさい。
☐ /

☐ / 　14. **B** 　証拠隠滅罪・証拠偽造罪（104）における「証拠」の意
☐ / 　　　　　義について説明しなさい。
☐ /

☐ / 　15. **B** 　証拠隠滅罪・証拠偽造罪（104）における「隠滅」,「偽造」
☐ / 　　　　　及び「変造」の意義について説明しなさい。
☐ /

☐ / 　16. **A** 　取調べ段階において，①虚偽の供述をした場合，②虚
☐ / 　　　　　偽の供述に基づいて調書が作成された場合，③自ら虚偽
☐ / 　　　　　の供述を記載した書面を提出した場合,それぞれに「偽造」
　　　　　　　（104）に当たるかについて説明しなさい。

☐ / 　17. **B** 　共犯者の刑事事件は「他人の刑事事件」（104）に当た
☐ / 　　　　　るかについて説明しなさい。
☐ /

☐ / 　18. **B** 　犯人が自己の親族に対して蔵匿・隠避を教唆した場合,
☐ / 　　　　　証拠隠滅罪・証拠偽造罪（104）における親族間の特例を
☐ / 　　　　　定めた105条が準用されるかについて説明しなさい。

12. 期待可能性がないとはいえないこと，防御権の濫用であること，他人を利用する方がより法益侵害の危険性が高いことから，教唆犯が成立する（大判昭8.10.18）。
cf. 共犯者を蔵匿・隠避した場合も同様に考えればよい（可罰的であるとする裁判例がある（旭川地判昭57.9.29））。

13. ①「他人の刑事事件に関する証拠を」，
②「隠滅し，偽造し，若しくは変造し，又は偽造若しくは変造の証拠を使用した」ことである。

14. 犯罪の成立，刑の量定に関する一切の証拠資料をいい（大判昭7.12.10），物的証拠（証拠物，証拠書類）のみならず，人的証拠（証人，参考人）をも含む（最決昭36.8.17）。また，捜査開始前の刑事被疑事件についての証拠も含まれる（大判昭10.9.28）。

15. 「隠滅」＝証拠の顕出を妨げ又はその価値を滅失・減少させる行為をいい，証拠の隠匿や証人・参考人となるべき者や共犯者を逃避させ，隠匿する行為も含まれる（最決昭36.8.17）。
「偽造」＝実在しない証拠を実在するかのように作出することをいう。
「変造」＝既存の証拠に改ざんを加えて証拠としての効力に変更を加えることをいう。

16. 刑法は虚偽の供述を処罰する犯罪として偽証罪（169）を設けているが，偽証罪は処罰の対象を，虚偽の陳述を特に法律により宣誓した者に限定しており，虚偽の供述を，特に上記のような条件を備えた者に限定して処罰する趣旨であると考えられる（調書が作成された場合も同様）。したがって，①②は「偽造」に当たらない。他方，③については，虚偽の内容が記載された証拠を新たに作り出したものといえるから，「偽造」に当たる（判例？，最決平28.3.31）。

17. 被疑者，被告人には期待可能性がないから，全て他人の刑事事件の証拠とするのは妥当でないが，自己の刑事事件と関係ない証拠は他人の刑事事件の証拠とすべきである。そこで，専ら共犯者のためにする意思で隠滅等した場合のみ「他人の刑事事件に関する証拠」に当たると解する。

18. 105条準用肯定説＝全くの他人に教唆するのに比べ，場合により期待可能性が低いと考えられることもある。
105条準用否定説＝親族を教唆する場合であっても，期待可能性がないとはいえない。
不可罰説＝犯人自身が他人に教唆した場合の不可罰説を徹底すべきであるし，親族ですら期待可能性が減少するのだから，犯人自身には期待可能性がないというべきである。

3
国家的法益に関する罪

□ /	**19.**	**B**	①親族が第三者に対して蔵匿・隠避を教唆した場合, ②第三者が親族に対して蔵匿・隠避を教唆した場合, 105条が準用されるかについて説明しなさい。
□ /			
□ /			

□ /	**20.**	**B**	偽証の罪(169)の保護法益について説明しなさい。
□ /			
□ /			

□ /	**21.**	**A**	偽証罪(169)における「虚偽の陳述」の意味及び故意の内容について説明しなさい。
□ /			
□ /			

□ /	**22.**	**B**	犯人が偽証を他人に教唆した場合の教唆犯(169, 61Ⅰ)の成否について説明しなさい。
□ /			
□ /			

□ /	**23.**	**B**	賄賂の罪の保護法益について説明しなさい。
□ /			
□ /			

□ /	**24.**	**A**	単純収賄罪(197Ⅰ前段)の構成要件について説明しなさい。
□ /			
□ /			

□ /	**25.**	**A**	請託(受託)収賄罪(197Ⅰ後段)の構成要件について説明しなさい。
□ /			
□ /			

□ /	**26.**	**A**	単純収賄罪・請託(受託)収賄罪(197Ⅰ)における「職務に関し」の意義について説明しなさい。
□ /			
□ /			

□ /	**27.**	**B**	単純収賄罪・請託(受託)収賄罪(197Ⅰ)における「賄賂」の意義について説明しなさい。
□ /			
□ /			

19. ①第三者を巻き込んだ以上期待可能性がないとはいえないため，105条の準用はない（大判昭8.10.18参照）。
②「親族」は一身専属的身分であるから，105条の準用はない。

20. 国家の審判作用をいう。

21. 何が真実かを判断するのは裁判所であるし，記憶に反することの陳述は，それだけで審判作用が害されるおそれがあるから，「虚偽の陳述」とは，記憶に反する陳述のことであり（主観説，大判大3.4.29等），故意の内容は，陳述の内容が自己の体験した事実に反していることの認識となる。

22. 被告人本人が169条の主体にならないのは，本人は証人適格がないから主体になれないからにすぎないから，教唆犯が成立する（最決昭28.10.19）。

23. 職務の公正とそれに対する社会一般の信頼（最大判平7.2.22）。ただし，現実に公正が害されたか否かは，単純収賄罪などの成立に無関係であるから，公務の不可買収性も加味して考えるべきである。

24. ①「公務員が」，
②「その職務に関し」，
③「賄賂を」，
④「収受し，又はその要求若しくは約束をした」ことである。

25. ①「公務員が」，
②「その職務に関し」，
③「賄賂を」，
④「収受し，又はその要求若しくは約束をした」場合において，
⑤「請託を受けた」ことである。

26. 職務として行うことができる一般的抽象的な範囲にあればよく，また職務と密接に関連する行為も含む（大判大2.12.9）。

27. 公務員の職務に関連する不正の報酬としての一切の利益をいい，金品その他の財産的利益に限らず，およそ人の需要又は欲望を満たす利益であれば，いかなるものであるとを問わない（大判明43.12.19）。

□ /	28.	**B**	公務員が，その一般的職務権限を異にする他の職に転じた場合，過去の職務について収賄罪は成立するかについて説明しなさい。
□ /			
□ /			

□ /	29.	**B**	公務員が職務に関し他人を恐喝して（欺罔して）金銭等を交付させた場合，受け取った公務員に収賄罪が成立するかについて説明しなさい。
□ /			
□ /			

□ /	30.	**A**	加重収賄罪（197の3）の構成要件について説明しなさい。
□ /			
□ /			

□ /	31.	**A**	贈賄罪（198）の構成要件について説明しなさい。
□ /			
□ /			

□ /	32.	**B**	公務員が職務に関し他人を恐喝して（欺罔して）金銭等を交付させた場合，被恐喝者（被欺罔者）に贈賄罪（198）が成立するかについて説明しなさい。
□ /			
□ /			

28. 収受の当時には公務員であるし，公務員の異動は日常茶飯事であって特に当該職務を直前まで行っていた場合は可罰性は高いから，「職務」には過去に担当した職務も含み，通常の収賄罪（単純収賄，請託収賄，加重収賄）が成立する（最決昭28.4.25，最決昭58.3.25等）。

29. 収賄罪の保護法益は，恐喝罪（詐欺罪）という財産犯によって評価できないことから，恐喝・詐欺とは別途に，収賄罪も成立する。なお両者は観念的競合となる（福岡高判昭44.12.18）。
    cf. 公務員が職務行為に仮託して，人を恐喝（欺罔）し財物を交付させた場合は，単なる恐喝罪（詐欺罪）しか成立しない（大判昭2.12.8，最判昭25.4.6）。

30. ①単純収賄罪，請託（受託）収賄罪，事前収賄罪，第三者供賄罪「の罪を犯し」，
    ②「よって不正な行為をし，又は相当の行為をしなかった」ことである。

31. ①単純収賄罪，受託収賄罪，事前収賄罪，第三者供賄罪，加重収賄罪，事後収賄罪，あっせん収賄罪について，
    ②「賄賂を」，
    ③「供与し，又はその申込み若しくは約束をした」ことである。

32. 畏怖しているとはいえ（欺罔されているとはいえ），この場合には，いまだ財物交付について任意性は認められるから，贈賄罪が成立する（最決昭39.12.8）。

重要判例要旨一覧

アガルート講師陣が重要と考える刑法の判例をセレクトし，特に記憶してほしいキーワード及び結論部分を強調している。赤シートを用いることにより，穴埋め問題の形式になる。

□　／　　□　／　　□　／

最決平17.7.4

事　案

　甲は，手の平で患者の患部をたたいてエネルギーを患者に通すことにより自己治癒力を高めるという「シャクティパット」と称する独自の治療（以下「シャクティ治療」という。）を施す特別の能力を持つなどとして信奉者を集めていた。

　Ａは，甲の信奉者であったが，脳内出血で倒れてＸ県内の病院に入院し，意識障害のため痰の除去や水分の点滴等を要する状態にあり，生命に危険はないものの，数週間の治療を要し，回復後も後遺症が見込まれた。Ａの息子乙は，やはり甲の信奉者であったが，後遺症を残さずに回復できることを期待して，Ａに対するシャクティ治療を甲に依頼した。

　甲は，脳内出血等の重篤な患者につきシャクティ治療を施したことはなかったが，乙の依頼を受け，滞在中のＹ県内のホテルで同治療を行うとして，Ａを退院させることはしばらく無理であるとする主治医の警告や，その許可を得てからＡを甲の下に運ぼうとする乙ら家族の意図を知りながら，「点滴治療は危険である。今日，明日が山場である。明日中にＡを連れてくるように。」などと乙らに指示して，なお点滴等の医療措置が必要な状態にあるＡを入院中の病院から運び出させた。

　甲は，上記ホテルまで運び込まれたＡに対するシャクティ治療を乙らからゆだねられ，Ａの容態を見て，そのままでは死亡する危険があることを認識したが，シャクティ治療をＡに施すにとどまり，痰の除去や水分の点滴等Ａの生命維持のために必要な医療措置を受けさせないままＡを約１日の間放置し，痰による気道閉塞に基づく窒息によりＡを死亡させた。

要　旨

　「甲は，自己の責めに帰すべき事由により患者の生命に具体的な危険を生じさせた上，患者が運び込まれたホテルにおいて，甲を信奉する患者の親族から，重篤な患者に対する手当てを全面的にゆだねられた立場にあったものと認められる。その際，甲は，患者の重篤な状態を認識し，これを自らが救命できるとする根拠はなかったのであるから，直ちに患者の生命を維持するために必要な医療措置を受けさせる義務を負っていたものというべきである。それにもかかわらず，未必的な殺意をもって，上記医療措置を受けさせないまま放置して患者を死亡させた甲には，不作為による殺人罪が成立し，殺意のない患者の親族との間では保護責任者遺棄致死罪の限度で共同正犯となると解するのが相当である」。

□　／　　□　／　　□　／

最決平元.12.15

事　案

　甲は，暴力団構成員で，本件被害者Ａ（当時13才の女性）を本件ホテルに連れ込んで，覚せい剤を注射したところ，同女が苦しみ出し，ホテルの窓から飛び下りようとするなど錯乱状態に陥ったのに，覚せい剤使用の事実の発覚をおそれ，同女をそのままに放置して，ホテルを立ち去り，その後ほどなくして，同女は，同室で覚せい剤による急性心不全により死亡した。

要　旨

　「被害者の女性が被告人らによって注射された覚せい剤により錯乱状態に陥った午前０時半ころの時点において，直ちに被告人が救急医療を要請していれば，同女が年若く（当時13年），生命力が旺盛で，特段の疾病がなかったことなどから，十中八九同女の救命が可能であったというのである。そうすると，同女の救命は合理的な疑いを超える程度に確実であったと認められるから，被告人がこのような措置をとることなく漫然同女をホテル客室に放置した行為と午前２時15分ころから午前４時ころまでの間に同女が同室で覚せい剤による急性心不全のため死亡した結果との間には，刑法上の因果関係があると認めるのが相当である。したがって，原判決がこれと同旨の判断に立ち，保護者遺棄致死罪の成立を認めたのは，正当である」。

□ ／ □ ／ □ ／

最決平2.11.20

事 案

甲がAの頭部を洗面器などで数回殴打し意識を失わせ港の資材置き場に放置したところ，何者かがAの頭部を角材で殴打し翌日未明Aが死亡した。何者か（※検察官は甲による暴行である旨主張したが，この点は証拠上証明できなかった）によって加えられた暴行は，すでに発生していたAの死因である脳出血を拡大させ，幾分死期を早める影響を与えるものであった。

要 旨

「犯人甲の暴行により被害者Aの死因となった傷害が形成された場合には，仮にその後第三者により加えられた暴行によって死期が早められたとしても，犯人甲の暴行と被害者Aの死亡との間に因果関係を肯定することができる」。

最決平4.12.17

事 案

　海中における夜間潜水の講習指導中，指導者甲は不用意に受講生Aら6名のそばから離れて同人らを見失うに至った。Aらとともに沖に流された指導補助者は，海中ではぐれた場合は海上に浮上して待機するようにとの注意を受けていたにもかかわらず，甲を探し求めて沖に向かって水中移動を行い，Aの圧縮空気タンク内の空気残圧量が少なくなっているのを確認したにもかかわらず，受講生らに水中移動を指示した。これに従ったAが水中移動中に空気を使い果たして恐慌状態に陥り，自ら適切な措置をとることができないままに，溺死した。

要 旨

　「右受講生6名は，いずれも前記資格認定団体における4回程度の潜水訓練と講義を受けることによって取得できる資格を有していて，潜水中圧縮空気タンク内の空気残圧量を頻繁に確認し，空気残圧量が少なくなったときは海上に浮上すべきこと等の注意事項は一応教えられてはいたが，まだ初心者の域にあって，潜水の知識，技術を常に生かせるとは限らず，ことに夜間潜水は，視界が悪く，不安感や恐怖感が助長されるため，圧縮空気タンク内の空気を通常より多量に消費し，指導者からの適切な指示，誘導がなければ，漫然と空気を消費してしまい，空気残圧がなくなった際に，単独では適切な措置を講ぜられないおそれがあった。特にAは，受講生らの中でも，潜水経験に乏しく技術が未熟であって，夜間潜水も初めてである上，潜水中の空気消費量が他の受講生より多く，このことは，甲もそれまでの講習指導を通じて認識していた。また，指導補助者らも，いずれもスキューバダイビングにおける上級者の資格を有するものの，更に上位の資格を取得するために本件講習に参加していたもので，指導補助者としての経験は極めて浅く，潜水指導の技能を十分習得しておらず，夜間潜水の経験も2，3回しかない上，甲からは，受講生と共に，海中ではぐれた場合には海上に浮上して待機するようにとの一般的注意を受けていた以外には，各担当の受講生2名を監視することを指示されていたのみで，それ以上に具体的な指示は与えられていなかった」。

　「右事実関係の下においては，甲が，夜間潜水の講習指導中，受講生らの動向に注意することなく不用意に移動して受講生らのそばから離れ，同人らを見失うに至った行為は，それ自体が，指導者からの適切な指示，誘導がなければ事態に適応した措置を講ずることができないおそれがあったAをして，海中で空気を使

い果たし，ひいては適切な措置を講ずることもできないままに，でき死させる結果を引き起こしかねない危険性を持つものであり，甲を見失った後の指導補助者及びAに適切を欠く行動があったことは否定できないが，それは甲の右行為から誘発されたものであって，甲の行為とAの死亡との間の因果関係を肯定するに妨げない」。

□＿／＿□＿／＿□＿／＿

最決平 15.7.16

事 案

甲らに，公園で約 2 時間にわたり激しく暴行された後，さらにマンション内で約45 分間同様の暴行を受けた A が，隙を見て逃げ出し，近くの高速道路内に進入し，疾走してきた自動車に衝突されて後続車に轢過されて死亡した。

要 旨

「A が逃走しようとして高速道路に進入したことは，それ自体極めて危険な行為であるというほかないが，A は，甲らから長時間激しくかつ執拗な暴行を受け，甲らに対して極度の恐怖感を抱き，必死に逃走を図る過程で，とっさにそのような行動を選択したものと認められ，その行動が，甲らの暴行から逃れる方法として，著しく不自然，不相当であったとはいえない。そうすると，A が高速道路に進入して死亡したのは，甲らの暴行に起因するものと評価することができるから，甲らの暴行と A の死亡との間の因果関係を肯定した原判決は，正当として是認することができる」。

□　／　□　／　□　／

最判平9.6.16

事 案

甲は，Ａが鉄パイプで攻撃してきたため，Ａの鉄パイプを取り上げこれで同人を１回殴打した。その後，甲とＡはもみ合いになり，Ａが甲から鉄パイプを取り戻し，それを振り上げ，甲を殴打しようとしたところ，勢い余って２階通路端の手すりに身を乗り出してしまった。そこで，甲は，Ａの片足を持ち上げ階下の道路上に転落させた。

要 旨

「甲を鉄パイプで殴打した上逃げ出した後を追いかけて殴り掛かろうとしていたＡを，甲が２階通路から外側の通路上に転落させる行為に及んだ当時，Ａにおいて，勢い余って２階手すりの外側に上半身を前のめりに乗り出した姿勢となったものの，なおも鉄パイプを握りつづけるなどその加害の意欲がおう盛かつ強固であり，間もなく態勢を立て直して再度の攻撃に及ぶことが可能であったと認められるなど判示の事実関係の下においては，Ａの甲に対する急迫不正の侵害は終了してはおらず，なお継続していたということができる」とした上で，当初の防衛行為と一連一体のものとして全体として過剰防衛が成立すると判断した。

□　／　□　／　□　／

最決昭52.7.21

事　案

　いわゆる中核派に属する甲は，同派の学生ら数名と集会を開こうとしていた際，いわゆる革マル派の学生らから攻撃を受け，いったん実力でこれを撃退したが，ほどなく再度の攻撃のあることを予期して鉄パイプなどを準備し，再度の攻撃をしてきた革マル派に対して鉄パイプで突くなどの共同暴行をした。

要　旨

　「刑法36条が正当防衛について侵害の急迫性を要件としているのは，予期された侵害を避けるべき義務を課する趣旨ではないから，当然又はほとんど確実に侵害が予期されたとしても，そのことからただちに侵害の急迫性が失われるわけではない……。しかし，同条が侵害の急迫性を要件としている趣旨から考えて，単に予期された侵害を避けなかったというにとどまらず，その機会を利用し積極的に相手に対して加害行為をする意思で侵害に臨んだときは，もはや侵害の急迫性の要件を充たさないものと解するのが相当である。そうして，……甲は，相手の攻撃を当然に予想しながら，単なる防衛の意図ではなく，積極的攻撃，闘争，加害の意図をもって臨んだというのであるから，これを前提とする限り，侵害の急迫性の要件を充たさない」。

□ ／ □ ／ □ ／

最決平 20.5.20

事 案

　道路上において，自転車にまたがっていたＡと，たまたま徒歩で通り掛かった甲とが，言い争いとなり，甲は，いきなりＡの左ほおを手けんで１回殴打し，直後に走って立ち去った。Ａは，自転車で甲を追い掛け，上記殴打現場から90ｍ弱先の歩道上で追い付き，自転車に乗ったまま，水平に伸ばした右腕で，プロレスのラリアットのような形で甲を強く殴打した。甲は，前方に倒れたが，起き上がり，携帯していた特殊警棒でＡの顔面を数回殴打し，傷害を負わせた。

　原審は，正当防衛の成立を否定したが，その理由として，甲は，初めにＡを手けんで殴打する暴行を加えた際にはもちろん，走り去る途中でも，Ａが甲の挑発を受けて報復に出ることを十分予期していたと推認でき，Ａの攻撃は，甲の当初の暴行によって招いたものといわざるを得ないなどとした上で，結論として，Ａによる攻撃は「不正な侵害であるとしても，これが甲にとって急迫性のある侵害と認めることはできない」と判示した。

要 旨

　①Ａの侵害行為が，「甲の暴行に触発された，その直後における近接した場所での一連，一体の事態ということができ，甲は不正の行為により自ら侵害を招いたものといえ」②相手方（Ａ）の「攻撃が甲の前記暴行の程度を大きく超えるものでないなどの本件事実関係の下においては」「甲において何らかの反撃行為に出ることが正当とされる状況における行為とはいえない」として正当防衛の成立を否定した。

最判昭50.11.28

事　案

　　甲は友人と間違えて声をかけたことからＢら３人組に因縁をつけられて酒肴を強要されたあげく，連れのＡが執拗に暴行を受けたため，放置すれば生命が危ないと思い助け出そうとして自宅から散弾銃を持ち出して現場に戻り，３人組の内の１人Ｂの妻からＡの所在を聞こうとして腕を引っ張ったところ，叫び声を立てられ，Ｂに「殺してやる」と言って追い掛けられたため，11メートル位逃げたものの，追い付かれそうに感じて振り向きざま銃を発砲し，重傷を負わせた。

要　旨

　　「急迫不正の侵害に対し自己又は他人の権利を防衛するためにした行為と認められる限り，その行為は，同時に侵害者に対する攻撃的な意思に出たものであっても，正当防衛のためにした行為にあたると判断するのが，相当である。すなわち，防衛に名を借りて侵害者に対し積極的に攻撃を加える行為は，防衛の意思を欠く結果，正当防衛のための行為と認めることはできないが，防衛の意思と攻撃の意思とが併存している場合の行為は，防衛の意思を欠くものではないので，これを正当防衛のための行為と評価することができるからである，しかるに，原判決は，他人の生命を救うために甲が銃を持ち出すなどの行為に出たものと認定しながら，侵害者に対する攻撃の意思があったことを理由として，これを正当防衛のための行為にあたらないと判断し，ひいては甲の本件行為を正当防衛のためのものにあたらないと評価して，過剰防衛行為にあたるとした第一審判決を破棄したものであって，刑法36条の解釈を誤ったものというべきである」。

□　／　□　／　□　／

最判平元.11.13

事案

　甲（48歳・男性）は日用雑貨品の卸業を行っている者であるが，貨物自動車を運転して取引先の薬局（当時老婆が１人いただけであった）に赴き，自動車を道路に駐車させていたところ，まもなくダンプカーを運転してその場に来たＡ（39歳・男性）が道路脇の空地に車を入れようとして甲車が邪魔になり，警笛を吹鳴したり，「邪魔になるからどかんか。」と怒鳴るなどしたので，甲は２度にわたって自動車を移動させたものの，Ａの粗暴な言動が腹にすえかねたため，「言葉使いに気を付けろ」と注意した。これに立腹したＡが，「お前，殴られたいのか」と言って手拳を前に突き出し，足を蹴り上げる動作を示しながら近付いてきたところ，甲は年齢も若く体力も優れているＡから本当に殴られるかも知れないと思って恐くなり後ずさりした。しかし，Ａが更に目前に迫ってくるので，甲は平素果物の皮剥き用に自動車の運転席脇のコンソールボックス上に置いていた刃体の長さ約17．7センチメートルの菜切包丁でＡを脅し，その接近を防ぐとともに，危害を免れようと考え，自動車の周りをほぼ１周して右菜切包丁を取り出して腰の当たりに構えた上，甲を追ってきて約３メートル離れて対峙しているＡに対し「切られたいのか。」などと言って脅迫した。

要旨

　「甲は，年齢も若く体力にも優れたＡから，『お前，殴られたいのか。』と言って手拳を前に突き出し，足を蹴り上げる動作を示されながら近づかれ，さらに後ずさりするのを追いかけられて目前に迫られたため，その接近を防ぎ，同人からの危害を免れるため，やむなく本件菜切包丁を手に取ったうえ腰のあたりに構え，『切られたいんか。』などと言ったというものであって，Ａからの危害を避けるための防御的な行動に終始していたものであるから，その行為をもって防衛手段としての相当性の範囲を超えたものということはできない」。

□　／　□　／　□　／

最決平20.6.25

事　案

　被害者（A）にいきなり殴りかかられた甲は，反撃として顔面を殴打したところ（第1暴行），転倒して後頭部を地面に打ち付け仰向けに倒れたまま動かなくなったAに対して，その状況を認識しながら腹部を足蹴にしたり腹部に膝蹴りを落とし（第2暴行），6時間余り後にAはクモ膜下出血により死亡したが，死亡の原因となる傷害は第1暴行によって生じたものであった。

要　旨

　「第1暴行により転倒したAが，甲に対し更なる侵害行為に出る可能性はなかったのであり，甲は，そのことを認識した上で，専ら攻撃の意思に基づいて第2暴行に及んでいるのであるから，第2暴行が正当防衛の要件を満たさないことは明らかである。そして，両暴行は，時間的，場所的には連続しているものの，Aによる侵害の継続性及び甲の防衛の意思の有無という点で，明らかに性質を異にし，甲が前記発言（注：甲が，Aが意識を失ったように動かなくなって仰向けに倒れていることを十分に認識したが，憤激の余り，『おれを甘く見ているな。おれに勝てるつもりでいるのか』などと発言したことを指す）をした上で抵抗不能の状態にあるAに対して相当に激しい態様の第2暴行に及んでいることにもかんがみると，その間には断絶があるというべきであって，急迫不正の侵害に対して反撃を継続するうちに，その反撃が量的に過剰になったものとは認められない。そうすると，両暴行を全体的に考察して，1個の過剰防衛の成立を認めるのは相当でなく，正当防衛に当たる第1暴行については，罪に問うことはできないが，第2暴行については，正当防衛はもとより過剰防衛を論ずる余地もないのであって，これによりAに負わせた傷害につき，甲は傷害罪の責任を負うというべきである」。

重要判例要旨一覧

□　／　□　／　□　／

最決平16.3.22

事 案

　被告人ＡＢは，被害者Ｖを事故死に見せ掛けて殺害し生命保険金を詐取しようと企て，外3名の実行犯と共謀して被害者を殺害した。実行犯の殺害計画は，被害者を自動車内に誘い込み，クロロホルムを吸引させて被害者を失神させた上，被害者を港まで運び自動車ごと海中に転落させてでき死させるというものであった。実行犯は，クロロホルムを吸引させる行為自体によって被害者が死亡する可能性があるとの認識を有していなかったが，クロロホルムを吸引させる行為は，人を死に至らしめる危険性の相当高い行為であって，被害者は，海中に転落する前の時点で，クロロホルムの吸引によって死亡していた可能性があった。

要 旨

　「実行犯3名の殺害計画は，クロロホルムを吸引させてＶを失神させた上，その失神状態を利用して，Ｖを港まで運び自動車ごと海中に転落させてでき死させるというものであって，第1行為は第2行為を確実かつ容易に行うために必要不可欠なものであったといえること，第1行為に成功した場合，それ以降の殺害計画を遂行する上で障害となるような特段の事情が存しなかったと認められることや，第1行為と第2行為との間の時間的場所的近接性などに照らすと，第1行為は第2行為に密接な行為であり，実行犯3名が第1行為を開始した時点で既に殺人に至る客観的な危険性が明らかに認められるから，その時点において殺人罪の実行の着手があったものと解するのが相当である。また，実行犯3名は，クロロホルムを吸引させてＶを失神させた上自動車ごと海中に転落させるという一連の殺人行為に着手して，その目的を遂げたのであるから，たとえ，実行犯3名の認識と異なり，第2行為の前の時点でＶが第1行為により死亡していたとしても，殺人の故意に欠けるところはなく，実行犯3名については殺人既遂の共同正犯が成立するものと認められる。そして，実行犯3名は被告人両名との共謀に基づいて上記殺人行為に及んだものであるから，被告人両名もまた殺人既遂の共同正犯の罪責を負うものといわねばならない」。

□＿／＿□＿／＿□＿／＿

最決昭40.3.9

事　案

　甲は，金銭窃取の目的で深夜，電気器具商店舗内に侵入したが，現金があると思われる煙草売場の方へ行きかけたところ，家人Aが帰宅し，発見されたため，逮捕を免れる目的で同人をナイフで刺して失血死させ，Aの妻Bを殴打して傷害を負わせた。

要　旨

　甲が深夜，窃盗目的で電気器具商店舗内に侵入し，懐中電灯で真暗な店内を照らし，電気器具類を見つけたが，なるべく多く現金を盗りたいと思い，レジスターのある煙草売場を確かめてその方へ行きかけた時点で実行の着手を認めた。

□　／　□　／　□　／

福岡高判昭61.3.6

事 案

　甲は，未必的殺意をもって被害者Ａの頸部を果物ナイフで１回突き刺して気管内に達する頸部刺傷等の傷害を負わせたが，Ａが口から多量の血を吐き出しているのを見て驚愕すると同時に大変なことをしたと思い，タオルを当てて止血したり，「動くな，じっとしとけ。」等と声をかけたりした上，救急車の派遣と警察への通報を依頼した。甲は，「救急車が来よるけん心配せんでいいよ。」とＡを励まし，消防署員とともにＡを救急車に運び込み，その場で警察官に犯行を自ら告げて現行犯逮捕された。Ａは，失血死や窒息死の危険があったが，医師の治療により死亡に至らなかった。

要 旨

　「中止未遂における中止行為は『自己ノ意思ニ因リ』（刑法43条但書）なされることを要するが，右の『自己ノ意思ニ因リ』とは，外部的障碍によってではなく，犯人の任意の意思によってなされることをいうと解すべきところ，本件において，甲が中止行為に出た契機が，Ａの口から多量の血が吐き出されるのを目のあたりにして驚愕したことにある……が，中止行為が流血等の外部的事実の表象を契機とする場合のすべてについて，いわゆる外部的障碍によるものとして中止未遂の成立を否定するのは相当ではなく，外部的事実の表象が中止行為の契機となっている場合であっても，犯人がその表象によって必ずしも中止行為に出るとは限らない場合に敢えて中止行為に出たときには，任意の意思によるものとみるべきである。これを本件についてみるに，本件犯行が早朝，第三者のいない飲食店内でなされたものであることに徴すると，甲が自己の罪責を免れるために，Ａを放置したまま犯行現場から逃走することも十分に考えられ，通常人であれば，本件の如き流血のさまを見ると，甲の……中止行為と同様の措置をとるとは限らないというべきであり，また，……甲は，Ａの流血を目のあたりにして，驚愕すると同時に，『大変なことをした。』との思いから，同女の死の結果を回避すべく中止行為に出たものであるが，本件犯行直後から逮捕されるまでにおける甲の真摯な行動やＡに対する言葉などに照らして考察すると，『大変なことをした。』との思いには，本件犯行に対する反省，悔悟の情が込められていると考えられ，以上によると，本件の中止行為は，流血という外部的事実の表象を契機としつつも，犯行に対する反省，悔悟の情などから，任意の意思に基づいてなされたと認めるのが相当である」。

東京高判昭62.7.16

事　案

　甲は，飲食店経営者Aから，暴力団関係者との理由で出入りを断られたことなどに憤慨し，牛刀を持って飲食店に赴き，殺意をもって牛刀を振り下ろしたが，これを左腕で防いだAから「命だけは助けて下さい」などと哀願され，憐憫の情と後悔の念から行為続行を思いとどまり，Aを病院に運び，Aは全治約2週間の左前腕切傷を負ったにとどまった。

要　旨

　「甲は，Aを右牛刀でぶった切り，あるいはめった切りにして殺害する意図を有していたものであって，最初の一撃で殺害の目的が達せられなかった場合には，その目的を完遂するため，更に，二撃，三撃というふうに追撃に及ぶ意図が甲にあったことが明らかであるから，……甲が同牛刀でAに一撃を加えたものの，その殺害に奏功しなかったという段階では，いまだ殺人の実行行為は終了しておらず，従って，本件はいわゆる着手未遂に該当する事
案であるといわねばならない」。

　「そして，いわゆる着手未遂の事案にあっては，犯人がそれ以上の実行行為をせずに犯行を中止し，かつ，その中止が犯人の任意に出たと認められる場合には，中止未遂が成立することになるので，この観点から，……本件を考察すると，……甲は確定的殺意のもとに，Aの左側頭部付近を目掛けて，右牛刀で一撃し，これを左腕で防いだ同人に左前腕切傷の傷害を負わせたが，その直後に，同人から両腰付近に抱きつくように取りすがられて，『勘弁して下さい。私が悪かった。命だけは助けて下さい。』などと何度も哀願されたため，かわいそうとのれんびんの情を催して，同牛刀で更に二撃，三撃というふうに追撃に及んで，殺害の目的を遂げることも決して困難ではなかったのに，そのような行為には出ずに犯行を中止したうえ，自らも本件の所為について同人に謝罪し，受傷した同人に治療を受けさせるため，通り掛かりのタクシーを呼び止めて，同人を病院に運んだことなどの事実が明らかである」。

　「たしかに，Aが甲の一撃を防御したうえ，甲に取りすがって謝罪し，助命を哀願したことが，甲が殺人の実行行為を中止した契機にはなっているけれども，一般的にみて，そのような契機があったからといって，甲のように強固な確定的殺意を有する犯人が，その実行行為を中止するものとは必ずしもいえず，殺害行為を更に継続するのがむしろ通例であるとも考えられる」。

「ところが，甲は……，Aの哀願にれんびんの情を催して，あえて殺人の実行行為を中止したものであり，加えて，甲が前記のように，自らもAに謝罪して，同人を病院に運び込んだ行為には，本件所為に対する甲の反省，後悔の念も作用していたことが看取されるのである。

　以上によると，本件殺人が未遂に終ったのは，甲が任意に，すなわち自己の意思によって，その実行行為をやめたことによるものであるから，右の未遂は，中止未遂に当たる」。

最決昭58.9.21

事　案

　甲は，連れ子であるAを養子として入籍していたが，その後，甲が妻にしばしば暴力を振うため同女はAを残して家を出てしまい，甲の実子が交通事故で死亡したこともあって，養女A（当時12歳）を連れて四国八十八か所札所及び霊場巡りの旅に出た。そのうちに宿泊費用などに窮するようになり，甲は，Aを利用して巡礼先の寺などから金員を窃取しようと企て，甲に逆らう素振りを見せるときは，Aの顔にタバコの火を押し付けたり，ドライバーで顔をこすったりして甲の意のままに従わせていたAに窃盗を行うことを命じ，約2か月半の間に13回にわたり納経所などから現金計約78万7750円及び菓子缶等物品6点を窃取させた。

要　旨

　「甲は，当時12歳の養女Aを連れて四国八十八ケ所札所等を巡礼中，日頃甲の言動に逆らう素振りを見せる都度顔面にタバコの火を押しつけたりドライバーで顔をこすったりするなどの暴行を加えて自己の意のままに従わせていた同女に対し，本件各窃盗を命じてこれを行わせたというのであり，これによれば，甲が，自己の日頃の言動に畏怖し意思を抑圧されている同女を利用して右各窃盗を行ったと認められるのであるから，……同女が是非善悪の判断能力を有する者であったとしても，甲については本件各窃盗の間接正犯が成立すると認めるべきである」。

□　／　　□　／　　□　／

最決平13.10.25

事 案

　被告人甲（スナックのホステス）は，勤務先の経営者の女性から金品を強取することを企て，自宅にいた長男A（当時12歳10か月）に対し，覆面をし，エアーガンを突き付けて脅迫する等の方法により，同女から金品を奪うことを指示・命令した。Aは嫌がっていたが，甲はこれを説得し，あらかじめ用意した覆面用ビニール袋，エアーガン等をAに交付した。Aは上記エアーガン等を携えて一人で同スナックに赴いた上，上記ビニール袋で覆面をし，甲から指示された方法により同女を脅迫したほか，自己の判断により，同スナック出入口のシャッターを下ろしたり，同女に「トイレに入れ。殺さないから入れ。」等申し向けて脅迫し，同女を同スナック内のトイレに閉じこめたりする等してその反抗を抑圧し，同女所有に係る現金約40万円等を強取した。甲は自宅に戻ってきたAからそれらを受け取り，現金を生活費等に費消した。

要 旨

　「上記認定事実によれば，本件当時Aには是非弁別の能力があり，甲の指示命令はAの意思を抑圧するに足る程度のものではなく，Aは自らの意思により本件強盗の実行を決意した上，臨機応変に対処して本件強盗を完遂したことなどが明らかである。これらの事情に照らすと，……甲につき本件強盗の間接正犯が成立するものとは，認められない。そして，甲は，生活費欲しさから本件強盗を計画し，Aに対し犯行方法を教示するとともに犯行道具を与えるなどして件強盗の実行を指示命令した上，Aが奪ってきた金品をすべて自ら領得したことなどからすると，甲については本件強盗の教唆犯ではなく共同正犯が成立するものと認められる」。

最決平 16.1.20

事　案

　被告人は，いわゆるホストクラブにおいてホストをしていたが，客であった被害者がたまった遊興費を支払えなかったので，被害者に対し，激しい暴行・脅迫を加えて強い恐怖心を抱かせ，風俗店などで働かせて，分割でこれを支払わせるようにしたが，被害者に生命保険を掛けたうえで自殺させ，保険金を取得しようと考え，被害者を多額の生命保険に加入させたうえで，被害者と偽装結婚して保険金の受取人を自己に変更させるなどした。その後，被告人は，当初の計画を変更し，被害者に対し直ちに自殺を強いる一方，被害者の死亡が自殺ではなく自動車の海中転落事故に起因するものであるかのように見せ掛けて，災害死亡による保険金を取得しようと企てた。そこで被告人は，自己の言いなりになっていた被害者に対し，犯行日の2日前から暴行・脅迫を交えて事故死に見せかけて自殺するように執ように迫った。しかし，自殺する気のない被害者は，被告人を殺害して死を免れることも考えたが，結局，車ごと海に飛び込んでそこから脱出するという可能性にかけ，死亡を装って被告人から身を隠そうと考えるにいたった。犯行日の深夜，被告人は，被害者を車に乗せて本件漁港に行き，被害者に対し，ドアをロックし，窓を閉め，シートベルトをすることなどを指示したうえで，車ごと海に飛び込むように命じた。被告人は，被害者の車から距離を置いて被害者の行動を監視していたが，被害者に命乞いの機会を与えず，もはや実行する外ないことを示すため，現場を離れた。それから間もなく，被害者は，シートベルトをせず，運転席ドアの窓ガラスを開けるなどしたうえで車を運転し，本件漁港の岸壁上から海中に車もろとも転落したが，車が水没する前に，運転席ドアの窓から脱出し，港内に停泊中の漁船に泳いでたどり着き，死亡を免れた。なお，本件現場の海は，当時（1月上旬），岸壁の上端から海面まで約1.9m，水深約3.7m，水温約11度という状況にあり，このような海に車ごと飛び込めば，飛び込んだ際の衝撃で負傷するなどして，車からの脱出に失敗する危険性は高く，また脱出に成功したとしても，冷水に触れて心臓まひを起こし，あるいは運動機能の低下を来すなどして死亡する危険性は極めて高いものであった。

要　旨

　「被告人は，事故を装い被害者を自殺させて多額の保険金を取得する目的で，自殺させる方法を考案し，それに使用する車等を準備した上，被告人を極度に畏怖して服従していた被害者に対し，犯行前日に，漁港の現場で，暴行，脅迫を交えつつ，直ちに車ごと海中に転落して自殺することを執ように要求し，猶予を哀願する被害者に翌日に実行することを確約させるなどし，本件犯行当時，被害者をして，被告人の命令に応じて車ごと海中に飛び込む以外の行為を選択することができない精神状態に陥らせていたものということができる」。

　「被告人は，以上のような精神状態に陥っていた被害者に対して，本件当日，漁港の岸壁上から車ごと海中に転落するように命じ，被害者をして，自らを死亡させる現実的危険性の高い行為に及ばせたものであるから，被害者に命令して車ごと海に転落させた被告人の行為は，殺人罪の実行行為に当たるというべきである」。

　「また，前記……のとおり，被害者には被告人の命令に応じて自殺する気持ちはなかったものであって，この点は被告人の予期したところに反していたが，被害者に対し死亡の現実的危険性の高い行為を強いたこと自体については，被告人において何ら認識に欠けるところはなかったのであるから，上記の点は，被告人につき殺人罪の故意を否定すべき事情にはならないというべきである」。

最決平元.6.26

事 案

　Aの舎弟分である甲は，スナックで一緒に飲んでいた被害者Bの態度に憤慨しA方に連行したが，Bが反抗的な態度をとり続けたことに激昂し，その身体に対し暴行を加える意思をAと相通じた上，約1時間ないし1時間半にわたり，竹刀や木刀で多数回殴打するなどの暴行を加えた。甲は，その後A方を立ち去る際，「おれ帰る」と言っただけでBに対しこれ以上制裁を加えることを止めるという趣旨のことを告げず，Aに対しても，以後Bに暴行を加えることを止めるよう求めたり，同人を寝かせてやって欲しいとか病院に連れていって欲しいなどと頼んだりせずに，現場をそのままにして立ち去った。その後，Bの言動に再び激昂したAは，「まだシメ足りないか」と怒鳴って顔を木刀で突くなどの暴行を加え，Bは，A方において頸部圧迫等により窒息死したが，その死の結果は，甲が帰る前に甲とAが共同で加えた暴行により生じたものか，その後のAによる暴行により生じたものかは証拠上明らかとならなかった。

要 旨

　「甲が帰った時点では，Aにおいてなお制裁を加えるおそれが消滅していなかったのに，甲において格別これを防止する措置を講ずることなく，成り行きに任せて現場を去ったに過ぎないのであるから，Aとの間の当初の共犯関係が右の時点で解消したということはできず，その後のAの暴行も右の共謀に基づくものと認めるのが相当である。そうすると，原判決がこれと同旨の判断に立ち，かりにBの死の結果が甲が帰った後にAが加えた暴行によって生じていたとしても，甲は傷害致死の責を負うとしたのは，正当である」。

□　／　□　／　□　／

最決平21.6.30

事 案

　甲は以前にも本件の共犯者らと共に強盗行為を行ったことがあったが，本件犯行に誘われると，本件犯行の前夜遅く共犯者らと共に被害者方及びその付近の下見をした後，共犯者７名との間で，被害者方の明かりが消えたら共犯者２名が屋内に侵入し，内部から入口の鍵を開けて侵入口を確保した上で，甲を含む他の共犯者らも屋内に侵入して強盗に及ぶという住居侵入・強盗の共謀を遂げた。本件当日午前２時ころ，共犯者２名は被害者方の窓から地下１階資材置場に侵入したが，住居等につながるドアが施錠されていたため，いったん戸外に出て，別の共犯者に住居等に通じた窓の施錠を外させ，その窓から侵入し，内側から上記ドアの施錠を外して他の共犯者らのための侵入口を確保した。見張り役である乙は，屋内の共犯者２名が強盗に着手する前の段階において，現場付近に人が集まってきたのを見て犯行の発覚をおそれ，屋内の共犯者らに電話をかけ，「人が集まっている。早くやめて出てきた方がいい」と言ったところ，「もう少し待って」などと言われたので，「危ないから待てない。先に帰る」と一方的に伝えただけで電話を切り，付近に止めてあった自動車に乗り込んだ。その車内では，甲と他の共犯者１名が強盗の実行行為に及ぶべく待機していたが，甲ら３名は話し合って一緒に逃げることとし，甲が運転する自動車で現場付近から立ち去った。屋内の共犯者２名は，いったん被害者方を出て，甲ら３名が立ち去ったことを知ったが，本件当日午前２時55分ころ，現場付近に残っていた共犯者３名と共にそのまま強盗を実行し，その際に加えた暴行によって被害者２名を負傷させた。

要 旨

　「上記事実関係によれば，甲は，共犯者数名と住居に侵入して強盗に及ぶことを共謀したところ，共犯者の一部が家人の在宅する住居に侵入した後，見張り役の共犯者が既に住居内に侵入していた共犯者に電話で『犯行をやめた方がよい，先に帰る』などと一方的に伝えただけで，甲において格別それ以後の犯行を防止する措置を講ずることなく待機していた場所から見張り役らと共に離脱したにすぎず，残された共犯者らがそのまま強盗に及んだものと認められる。そうすると，甲が離脱したのは強盗行為に着手する前であり，たとえ甲も見張り役の上記電話内容を認識した上で離脱し，残された共犯者らが甲の離脱をその後知るに至ったという事情があったとしても，当初の共謀関係が解消したということはできず，その後の共犯者らの強盗も当初の共謀に基づいて行われたものと認めるのが相当である。これと同旨の判断に立ち，甲が住居侵入のみならず強盗致傷についても共同正犯の責任を負うとした原判断は正当である」。

最決平15.5.1

事　案

　広域暴力団Ｘ組の幹部でＹ組組長である甲は，遊興等のため，大阪から上京した際，甲の警護を担当するスワットと称されるボディーガード（組員）らと共謀の上，同人らに適合実包の装填されたけん銃5丁等を所持させた（けん銃加重所持罪）。

　甲は，本件以前から，時々，遊興のため，スワットを含む組員らを引き連れて上京していたが，その際，東京側で受入れを担当する暴力団関係者が，5，6台の自動車で羽田空港に出迎えに行き，車列を作り，甲の乗車する車の前後をスワットらが乗った車が挟むなどして，都内を移動するといった行動が繰り返されていた。

要　旨

　「本件では，……スワットらのけん銃5丁とこれに適合する実包等の所持について，甲に共謀共同正犯が成立するかどうかが問題となるところ，甲は，スワットらに対してけん銃等を携行して警護するように直接指示を下さなくても，スワットらが自発的に甲を警護するために本件けん銃等を所持していることを確定的に認識しながら，それを当然のこととして受け入れて認容していたものであり，そのことをスワットらも承知していた……。……また，……甲とスワットらとの間にけん銃等の所持につき黙示的に意思の連絡があったといえる。そして，スワットらは甲の警護のために本件けん銃等を所持しながら終始甲の近辺にいて甲と行動を共にしていたものであり，彼らを指揮命令する権限を有する甲の地位と彼らによって警護を受けるという甲の立場を併せ考えれば，実質的には，正に甲がスワットらに本件けん銃等を所持させていたと評し得るのである。したがって，甲には本件けん銃等の所持について，……スワット5名等との間に共謀共同正犯が成立する」。

重要判例要旨一覧

□　／　　□　／　　□　／

最判平 16.12.10

事 案

　被告人は，金品窃取の目的で，平成15年１月27日午後０時50分ころ，Ａ方住宅に，１階居間の無施錠の掃き出し窓から侵入し，同居間で現金等の入った財布及び封筒を窃取し，侵入の数分後に玄関扉の施錠を外して戸外に出て，だれからも発見，追跡されることなく，自転車で約１km離れた公園に向かった。

　被告人は，同公園で盗んだ現金を数えたが，３万円余りしかなかったため少ないと考え，再度Ａ方に盗みに入ることにして自転車で引き返し，午後１時20分ころ，同人方玄関の扉を開けたところ，室内に家人がいると気付き，扉を閉めて門扉外の駐車場に出たが，帰宅していた家人のＢに発見され，逮捕を免れるため，ポケットからボウイナイフを取り出し，Ｂに刃先を示し，左右に振って近付き，Ｂがひるんで後退したすきを見て逃走した。

要 旨

　「上記事実によれば，被告人は，財布等を窃取した後，だれからも発見，追跡されることなく，いったん犯行現場を離れ，ある程度の時間を過ごしており，この間に，被告人が被害者等から容易に発見されて，財物を取り返され，あるいは逮捕され得る状況はなくなったものというべきである。そうすると，被告人が，その後に，再度窃盗をする目的で犯行現場に戻ったとしても，その際に行われた上記脅迫が，窃盗の機会の継続中に行われたものということはできない。

　したがって，被告人に事後強盗罪の成立を認めた原判決は，事実を誤認して法令の解釈適用を誤ったものであり，これが判決に影響することは明らかであって，原判決を破棄しなければ著しく正義に反するものと認められる」。

最判平 13.7.19

事 案

　大阪府から府営住宅の建設工事の一環として場所打ちによるくい打ち工事を請け負ったゼネコンＡ社の現場責任者及び技術者である甲乙両名は，大阪府から工事完成代金の支払を受けるため，他の者と共謀の上，コンクリートのくい打ち工事に伴って排出される産業廃棄物である汚泥の量を水増しして処理したように装い，内容虚偽の汚泥処理券（一種の汚泥処理の証明書）を提出した。本件においてＡ社の汚泥処理量が大阪府の見積りを大幅に下回ったのは，甲乙両名が汚泥を不法投棄したからであり，仮に甲乙両名が架空の処理券を提出せず，そのまま実際の処理量に相当する処理券を提出した場合には，完成検査に合格しないだけでなく，代金額が減額されると予想されたため，甲乙両名は，内容虚偽の処理券を入手して，不正にくい打ち工事の完成検査に合格させ，完成工事支払金全額の支払を得ていた。

　第一審は，検査員が処理券の虚偽に気がつけば，汚泥の適正処理がなされたかを検査するために合格が留保されたことから，甲乙らの行為と工事完成支払金の決済に因果関係を認めて詐欺罪を肯定した。これに対して，第二審は，不法投棄があったと認定し，その場合には支払代金が減額されることを理由にして詐欺罪を認めた。

要 旨

　「本件請負契約は，競争入札による定額・一括請負契約であって，請負代金の総額が定められているだけで，汚泥処理費用等その内訳については一切定めがないと認められるから，汚泥処理費用の実際の額が発注者の見積額を大幅に下回った場合においても，この点について特段の約定がない限り，発注者は請負代金の減額請求をすることができない。また，本件請負契約の施工方法の細目を定めた現場説明事項11項には，『くい工事にて発生する汚泥は，すべて関係法令に基づき，場外搬出処分とする』旨定められているところ，汚泥が工事現場に残存している状態では，くい打ち工事が完成したということはできないから，汚泥を場外搬出することは，請負契約上の義務に当たるが，場外搬出した汚泥の処分を関係法令に従って行ったか否かということは，業者としての公法上の義務に係るものであって，請負代金の支払請求権とは対価関係に立つものでなく，これを理由に，発注者に請負代金の減額請求権が発生するとはいえない。したがって，原判決が，汚泥の不法投棄によって汚泥処理費用の実際の額が発注者の見積額を大幅に下回った場合に発注者が請負代金の減額を請求できることを前提として，甲乙両名が内容虚偽の処理券を提出して完成検査に不正に合格し，工事完成払金を騙取したと判断する点は，到底是認することができない」。

　「ところで，第一審判決は，内容虚偽の処理券を提出した甲乙両名の行為が工

事完成払金の支払時期を不当に早めたものとして，詐欺罪の成立を認めているところ，この判断が是認できるものであれば，主文において第一審判決と同じ刑を言い渡した原判決を破棄しなければ著しく正義に反するとは認められないと考える余地もあるので，第一審判決の当否について検討する」。

「請負人が本来受領する権利を有する請負代金を欺罔手段を用いて不当に早く受領した場合には，その代金全額について刑法246条1項の詐欺罪が成立することがあるが，本来受領する権利を有する請負代金を不当に早く受領したことをもって詐欺罪が成立するというためには，欺罔手段を用いなかった場合に得られたであろう請負代金の支払とは社会通念上別個の支払に当たるといい得る程度の期間支払時期を早めたものであることを要すると解するのが相当である。これを本件についてみると，第一審判決は，甲乙両名が内容虚偽の処理券を提出したことにより，これを提出しなかった場合と比較して，工事完成払金の支払時期をどの程度早めたかを認定していないから，詐欺罪の成立を認める場合の判示として不十分であるといわざるを得ない。また，甲乙両名の行為が工事完成払金の支払時期をどれだけ早めたかは，記録上，必ずしも明らかでない。したがって，甲乙両名に詐欺罪の成立を認めた第一審判決の判断も，是認し難いものである」。

「以上のとおり，甲乙両名に詐欺罪の成立を認めた原判決には，判決に影響を及ぼすべき法令解釈の誤り及び重大な事実の誤認があるといわざるを得ず，原判決を破棄しなければ著しく正義に反するものと認められる」。

□　／　□　／　□　／

最決平22.7.29

事 案

　甲は，共犯者らと共謀の上，空港のチェックインカウンターにおいて，共犯者が，航空会社から業務委託を受けている会社の係員に対し，真実は，バンクーバー行き航空便の搭乗券をカナダに不法入国しようとして空港のトランジット・エリア内で待機している中国人に交付し，その中国人を共犯者になりすまして航空機に搭乗させ，カナダに不法入国させる意図であるのに，その情を秘し，あたかも共犯者が搭乗するかのように装い，共犯者に対する航空券及び日本国旅券を呈示して，搭乗券の交付を請求し，係員から共犯者に対する搭乗券の交付を受けた。

要 旨

　「航空券及び搭乗券にはいずれも乗客の氏名が記載されているところ，本件係員らは，搭乗券の交付を請求する者に対して旅券と航空券の呈示を求め，旅券の氏名及び写真と航空券記載の乗客の氏名及び当該請求者の容ぼうとを対照して，当該請求者が当該乗客本人であることを確認した上で，搭乗券を交付することとされていた。このように厳重な本人確認が行われていたのは，航空券に氏名が記載されている乗客以外の者の航空機への搭乗が航空機の運航の安全上重大な弊害をもたらす危険性を含むものであったことや，本件航空会社がカナダ政府から同国への不法入国を防止するために搭乗券の発券を適切に行うことを義務付けられていたこと等の点において，当該乗客以外の者を航空機に搭乗させないことが本件航空会社の航空運送事業の経営上重要性を有していたからであって，本件係員らは，上記確認ができない場合には搭乗券を交付することはなかった。また，これと同様に，本件係員らは，搭乗券の交付を請求する者がこれを更に他の者に渡して当該乗客以外の者を搭乗させる意図を有していることが分かっていれば，その交付に応じることはなかった」。

　「以上のような事実関係からすれば，搭乗券の交付を請求する者自身が航空機に搭乗するかどうかは，本件係員らにおいてその交付の判断の基礎となる重要な事項であるというべきであるから，自己に対する搭乗券を他の者に渡してその者を搭乗させる意図であるのにこれを秘して本件係員らに対してその搭乗券の交付を請求する行為は，詐欺罪にいう人を欺く行為にほかならず，これによりその交付を受けた行為が刑法246条1項の詐欺罪を構成することは明らかである」。

☐　／　☐　／　☐　／

最決平元.7.14

事 案

　平安神宮社殿は，東西両本殿，祝詞殿，内拝殿，外拝殿（大極殿），東西両翼舎，神楽殿（結婚儀式場），参集殿（額殿），齋館，社務所，守衛詰所，神門（応天門），蒼龍楼，白虎楼等の建物とこれらを接続する東西の各内廻廊，歩廊，外廻廊とから成り，中央の広場を囲むように方形に配置されており，廻廊，歩廊づたいに各建物を一周しうる構造になっていた。

　各建物は，すべて木造であり，廻廊，歩廊も，その屋根の下地，透壁，柱等に多量の木材が使用されていた。

　そのため，祭具庫，西翼舎等に放火された場合には，社務所，守衛詰所にも延焼する可能性を否定することができなかった。

　外拝殿では一般参拝客の礼拝が行われ，内拝殿では特別参拝客を招じ入れて神職により祭事等が行われていた。

　夜間には，権禰宜，出仕の地位にある神職各1名と守衛，ガードマンの各1名の計4名が宿直に当たり，社務所又は守衛詰所で執務をするほか，出仕と守衛が午後8時ころから約1時間にわたり東西両本殿，祝詞殿のある区域以外の社殿の建物等を巡回し，ガードマンも閉門時刻から午後12時までの間に3回と午前5時ころに右と同様の場所を巡回し，神職とガードマンは社務所，守衛は守衛詰所でそれぞれ就寝することになっていた。

要 旨

　「以上の事情に照らすと，右社殿は，その一部に放火されることにより全体に危険が及ぶと考えられる一体の構造であり，また，全体が一体として日夜人の起居に利用されていたものと認められる。そうすると，右社殿は，物理的に見ても，機能的に見ても，その全体が一個の現住建造物であつたと認めるのが相当であるから，これと同旨の見解に基づいて現住建造物放火罪の成立を認めた原判決の判断は正当である」。

最決平15.4.14

事 案

　甲は，妻と共謀の上，小学生の長女の担任教諭が駐車していた自動車にガソリンを掛けて火を点けた。同教師の自動車は，当時，小学校の敷地から間に道路一本を隔てたところにある教職員用の駐車場に停められていたもので，甲の放火により，車両の前後から出火したが，周囲への延焼はなかった。しかし，被害自動車の近くに駐車されていた別の2台の自動車と，付近にあったゴミ集積場に延焼する危険があったと認められ，他方で，108条，109条所定の物件に対する延焼の危険は認められなかった。

要 旨

　「同法110条1項にいう『公共の危険』は，必ずしも同法108条及び109条1項に規定する建造物等に対する延焼の危険のみに限られるものではなく，不特定又は多数の人の生命，身体又は前記建造物等以外の財産に対する危険も含まれる」。

　「そして，市街地の駐車場において，被害車両からの出火により，第1，第2車両に延焼の危険が及んだ等の本件事実関係の下では，同法110条1項にいう『公共の危険』の発生を肯定することができる」。

重要判例要旨一覧

□ ／ □ ／ □ ／

最決平5.10.5

事 案

　被告人が，実在の弁護士甲と同姓同名であることを利用してAから弁護士報酬を得ようとして，「弁護士報酬金請求について」と題する書面等を「弁護士甲」名義で作成し，Aに対して行使した。

要 旨

　「私文書偽造の本質は，文書の名義人と作成者との間の人格の同一性を偽る点にあると解されるところ……，被告人は，自己の氏名が弁護士会所属の弁護士甲と同姓同名であることを利用して，同弁護士になりすまし，『弁護士甲』の名義で本件各文書を作成したものであって，たとえ名義人として表示された者の氏名が被告人の氏名と同一であったとしても，本件各文書が弁護士としての業務に関連して弁護士資格を有する者が作成した形式，内容のものである以上，本件各文書に表示された名義人は，弁護士会に所属する弁護士甲であって，弁護士資格を有しない被告人とは別人格の者であることが明らかであるから，本件各文書の名義人と作成者の人格の同一性にそごを生じさせたものというべきである。したがって，被告人は右の同一性を偽ったものであって，その各所為について私文書偽造罪，同行使罪が成立するとした原判断は，正当である」。

判例索引

アガルートアカデミーは，
2015 年 1 月に開校した
オンラインによる講義の配信を中心とする
資格予備校です。

「アガルート（AGAROOT）」には，
資格の取得を目指す受験生の
キャリア，実力，モチベーションが
あがる道（ルート）になり，
出発点・原点（ROOT）になる，
という思いが込められています。

上田 亮祐さん

平成29年度司法試験総合34位合格
神戸大学・神戸大学法科大学院出身

—— 法曹を目指したきっかけを教えてください。

　私は，小学生の頃にテレビに出ていた弁護士に憧れを抱いて，弁護士を目指すようになりました。

—— 勉強の方針とどのように勉強を進めていましたか？

　演習を中心に進めていました。

　アガルートアカデミーの講座の受講を始めたのはロースクール入学年の2015年4月からなのですが，それまでは別の予備校の入門講座，論文講座を受講していました。しかし，そこでは「まだ答案の書き方が分からないから，とりあえず講座の動画を消化しよう。消化していけば答案の書き方が分かるようになるはずだ」と考え，講義動画を見たり，入門テキスト，判例百選を読むだけで，自分でほとんど答案を書かず実力をつけられないままロースクール入試を迎えました。

　なんとか神戸大学法科大学院に入学し，自分の実力が最底辺のものでこのままでは2年後の司法試験合格どころかロー卒業すらも危ういと分かると，司法試験の勉強として何をすれば良いのかを必死で考えるようになりました。そして，「司法試験は，試験の本番に良い答案を書けることができれば合格する試験である」という当たり前の命題から，「少しでも良い答案を書けるように，答案を書く練習をメインに勉強しよう」と考えるようになりました。

　そこで，総合講義300を受講し直しつつ，重要問題習得講座のテキストを用いて，論文答案を書く練習を勉強のメインに据えていました。また，なるべく手を広げないように，同じ教材を繰り返すことを心がけていました。

―― 受講された講座と，その講座の良さ，使い方を教えてください。

【総合講義300】

　総合講義300の良さは，講義内でテキストを3周するシステムだと思います。

　以前受講した別の予備校の入門講座は，民法だけで100時間以上の講義時間がある上，テキストを1周して終わるため，講義を受け終わると最初の方にやったことをほとんど覚えていないということが普通でした。しかし，アガルートの総合講義は，講義内でテキストを3周するため，それまでにやったことを忘れにくい構造になっていると感じました。テキストも薄く持ち運びに便利で，受験生のことをしっかり考えてくれていると思いました。

【論証集の「使い方」】

　短い時間で各科目の復習，論点の書き方の簡単な確認ができるのがとても優れています。講義音声をダウンロードして，iPodで繰り返し再生していました。

【論文答案の「書き方」】

　答案の書き方が分からない状態というのは，「今は書けないから，問題演習しないでおこう，答案を書かないでおこう」と考えがちなのですが，そんな初学者状態の受験生に，強制的に答案を書く契機を与えてくれるので，そういう点でこの講座は有益だったと思います。他のテキストではあまり見ない「答案構成例」が見られるのも初学者の自分には助かりました。また，重要問題習得講座のテキストを用いた演習方法は，この講座で工藤先生がやっていたことをそのままやろうと考えて思いついたのであり，この講座がなければ勉強の方向性が大きく変わっていたのではないかと思います。

【重要問題習得講座】

　テキストが特に優れています。予備校の講座内で使用されているテキストは，口頭・講義内での説明を前提としているため，解説が書かれていなかったり不十分なことが多いのですが，重要問題習得講座のテキストは十分な解説が掲載されていますし，論証集，総合講義の参照頁も記載されていますから，自学自習でも十分にテキストを利用することができます。

【旧司法試験論文過去問解析講座（上三法）】

　テキストに掲載されている解説が詳細であるのみならず，予備試験合格者が60分で六法以外何も見ずに書いた答案が掲載されており，予備試験合格者のリアルなレベルを知ることができたのはとても有益でした。完全解を目指すためには模範答案を，とりあえず自分がどの程度のレベルに到達しているのかを測るためには予備試験合格者の答案を見れば良かったので，全司法試験・予備試験受験生に薦めたい講座の1つです。

―― 学習時間はどのように確保していましたか？

　学習時間はローの講義のない空きコマで問題を解くようにしていました。また，集中できないときはスマホの電源を切ってカバンの中にしまったり，そもそもスマホを持って大学に行かないようにすることで，「勉強以外にやることがない」状況を意図的に作り出すようにしていました。

―― 振り返ってみて合格の決め手は？　合格にアガルートの講座はどのくらい影響しましたか？

　演習中心で勉強し，細かい知識に拘泥することなく，「受かればなんでも良い」という精神で合格に必要な最短コースを選ぶことができたのが合格の最大の決め手になったのだと思います。重要問題習得講座は，そのような演習中心の勉強をするに当たりかなり有益でした。また，論証集の「使い方」についても，その内容面はもちろん，勉強方法について講座内でも，工藤先生は再三「受かればなんでもいい」「みなさんの目的は法学を理解することではなく，受かること」と仰っており，講義音声を聞き返す度にこれを耳にすることになるので，自分の目的意識を明確に保つことができたように思います。

―― 後進受験生にメッセージをお願いします。

　私自身もそうでしたが，よく思うのは，「合格者に勉強方法などについて質問をたくさんする人ほど，自分で勉強する気がない」ということです。勉強方法や合格体験談の情報をたくさん集めるだけで，なんとなく自分の合格が近づいたように錯覚してしまい，真面目に勉強しなくなるというのは私自身が経験した失敗です。受験生がやるべきことは，失敗体験を集めた上で，その失敗を自分がしないようにすることだと思います。私は講義動画を視聴するだけで自分では答案を書かなかったために，ロー入学時点で答案の書き方が全く分からない，答案が書けないという失敗を犯しました。受験生の方には，ぜひとも私と同じ失敗をしないようにしていただきたいと思います。

Profile

上田 亮祐 （うえだ・りょうすけ） さん

25 歳（合格時），神戸大学法科大学院出身。
平成 28 年予備試験合格（短答 1998 位，論文 173 位，口述 162 位），
司法試験総合 34 位（公法系 199 ～ 210 位，民事系 70 ～ 72 位，
刑事系 113 ～ 125 位，選択科目（知的財産法）3 位，論文 34 位，
短答 455 位），受験回数：予備，本試験ともに 1 回ずつ。

福澤 寛人 さん

平成30年度司法試験予備試験合格
令和元年度司法試験1回目合格　慶應義塾大学出身

—— 法曹を目指したきっかけを教えてください。

　　法律の勉強が楽しく，法律を扱う仕事をしたいと感じたからです。弁護士の業務への興味よりも，法律学への興味が先行していました。

—— どのように勉強を進めていましたか？

　　総合講義300を受講したあとに，ラウンジ指導を受け，論文を書き始めました。今思えば，総合講義300と論文答案の「書き方」・重要問題習得講座は並行して受講すべきであったと感じています。

　　勉強の方針としては，手を広げすぎず，アガルートの講座を中心に勉強をしました。また，特に過去問の分析にも力を入れ，本試験というゴールを意識した勉強をするよう心掛けていました。

—— 受講された講座と，その講座の良さ，使い方を教えてください。

【総合講義300】

　　総合講義300は，300時間という短時間で法律科目全体を学べる点が良かったです。講座自体はとても分かりやすいのですが，法律そのものが難解ですので，どうしても理解できない箇所がありました。しかし，工藤先生がおっしゃる通り，分からない箇所があったとしても，一旦飛ばして先に進むという方針で勉強をしました。その結果，躓くことなく，また，ストレスを感じることなく，勉強を進めることができました。

【論文答案の「書き方」】

　　この講座は，論文の書き方の基礎をさらっと学べる点が良かったです。この講座は，受講をした後に，練習問題を実際に書き，先生に添削していただくと

いう使い方をしました。

【重要問題習得講座】

　この講座は，全ての問題を解くことで，重要な論点の論文問題をこなせる点が良かったです。この講座は，答案構成をした後に解説講義を聴き，自分の答案構成と参考答案を見比べ，自分に何が足りていないかを分析するという使い方をしました。

【論証集の「使い方」】

　この講座は，繰り返し聴くことで，自然と論証が頭に入ってくる点が良かったです。この講座は，iPhoneに音声を入れ，1.5倍速ほどのスピードで繰り返し聴くという使い方をしました。

【予備試験過去問解析講座】

　この講座は，難解な予備試験の過去問について，丁寧に解説がなされている点が良かったです。この講座は，予備試験の論文の過去問を実際に解いた後に，講義を聴くという使い方をしました。

—— 学習時間はどのように確保していましたか？

　隙間時間を有効に活用することで，最低限の学習時間を確保するよう意識していました。勉強に飽きたときには，あえて勉強をせず，ストレスをためないように意識をしていました。

—— 直前期はどう過ごしていましたか？

　直前期は，自分でまとめた自分の弱点ノートを見直していました。自分には，問題文を読み飛ばす・事情を拾い落とすなどの弱点があったため，本番でその失敗をしないよう，何度もノートを見ることで注意を喚起しました。また，何とかなるでしょうという気軽な心構えで試験を迎えました。

—— 試験期間中の過ごし方は？

　普段と違うことはせず，普段と同じ行動をするように心掛けました。また，辛い物や冷たい物など，体調を崩す可能性のある物は食べないよう気をつけました。

—— 受験した時の手ごたえと合格した時の気持ちを教えてください。

　短答式試験は落ちたと感じましたが，実際には合格できていたので，スタートラインに立てたという安心感がありました。

論文式試験は初受験だったため，よくできたのかできなかったのかも分かりませんでした。そのため，論文合格を知った時は嬉しい気持ちと驚きの気持ちが半々でした。

　口述式試験は，完璧にはほど遠い手ごたえでしたが，合格しているとは感じていました。実際に合格していると知ったときには安堵しました。

―― 振り返ってみて合格の決め手は？　合格にアガルートの講座はどのくらい影響しましたか？

　合格の決め手は，アガルートを信じて手を広げ過ぎなかったことであると感じています。アガルートの講座のみを繰り返すことによって盤石な基礎固めをすることができたと思います。そのため，上記の講座は，今回の合格に大きく影響していると考えます。

―― アガルートアカデミーを一言で表すと？

　「合格塾」です。

―― 後進受験生にメッセージをお願いします。

　予備試験は出題範囲が広く，受験は長期間の闘いになると思います。ですので，無理をし過ぎず，ストレスをためない勉強方法を模索することが大事だと思います。

　また，私は，模範答案とは程遠い答案しか書けずにいました。しかし，それでも結果的に合格できていることから，合格するためには模範答案ほどの答案を書ける必要はないと分かりました。そのため，完璧な答案を書けなくとも，気にすることなく勉強を進めていただければと思います。

　同じ法曹を目指す仲間として，これからも勉強を頑張りましょう。

Profile

福澤 寛人 (ふくざわ・ひろと) さん

21歳（合格時），慶應義塾大学4年生。
在学中に受けた2回目の予備試験で合格を勝ち取る。短答1770位，論文106位。
その後，令和元年度司法試験1回目合格。

〈編著者紹介〉

アガルートアカデミー

大人気オンライン資格試験予備校。2015年1月開校。

● 司法試験，行政書士試験，社会保険労務士試験をはじめとする
法律系難関資格を中心に各種資格試験対策向けの講座を提供し
ている。受験生の絶大な支持を集める人気講師を多数擁し，開
校から6年あまりで会員数は既に3.5万人を超える。合格に必要
な知識だけを盛り込んだフルカラーのオリジナルテキストとわ
かりやすく記憶に残りやすいよう計算された講義で，受講生を
最短合格へ導く。

● 近時は，「オンライン学習×個別指導」で予備試験・司法試験の
短期学習合格者を続々と輩出する。

アガルートの司法試験・予備試験
総合講義1問1答　刑法

2021年2月5日　初版第1刷発行

編著者　アガルートアカデミー

発行者　アガルート・パブリッシング
〒162-0814　東京都新宿区新小川町5-5　サンケンビル4階
e-mail：customer@agaroot.jp
ウェブサイト：https://www.agaroot.jp/

発売　サンクチュアリ出版
〒113-0023　東京都文京区向丘2-14-9
電話：03-5834-2507　FAX：03-5834-2508

印刷・製本　シナノ書籍印刷株式会社